DUMONT EXTRA

Toscana

W0323435

Christoph Hennig

Inhalt

Benv

…ist der Willkommensgruß in der Toscana wie in ganz Italien. Die Toscana ist eine gastfreundliche Region geblieben, deren Bewohner stolz sind auf die Schönheit ihrer Heimat und sich freuen, wenn die Besucher Kultur und Landschaft zu schätzen wissen. Unerschöpflich ist die Fülle der toscanischen Kunstwerke, zu begeistern vermögen die vielfältigen Formen der Natur, anregend sind die

enuti!

Lebensart und die kulinarischen Genüsse. Kein Wunder, daß die Toscana zu den beliebtesten Reisegebieten Europas zählt: Sie bietet fast alles, was den Urlaub reizvoll macht. Badefreuden an den langen Sandstränden der Küste und Wanderungen im Hügelland, große Weine und gemütliche Trattorien, verwinkelte Bergdörfer und malerische Städte, Feste und Fresken, Cafés und Kathedralen…

Toscana
Wo der Chianti fließt

Vor 150 Jahren sah der englische Schriftsteller Charles Dickens in der Toscana nur eine »sehr öde Gegend« und »trostlose Landschaften«. Goethe eilte nach seinen eigenen Worten in Florenz »so schnell heraus als hinein«. Auch viele andere Italienfahrer früherer Zeiten hielten sich in der Toscana nicht lange auf. Sie hatten es eilig, in berühmtere Gegenden zu kommen: nach Rom, an den Golf von Neapel oder nach Sizilien.

Heute dagegen fasziniert die Toscana ihre Besucher wie kaum ein anderes Gebiet Italiens. Wenige Regionen bieten auf engem Raum so viele und vielfältige Attraktionen. Da locken mittelalterliche Orte mit engen Gassen, reizvollen Plätzen, edlen Rathäusern, Kirchen und nicht zuletzt die harmonische Landschaft.

Charakteristisch für das Landschaftsbild der Toscana sind die ausgedehnten Gebiete der leicht gewellten Hügel. Die Chianti-Region zwischen Florenz und Siena und die Umgebung von San Gimignano entsprechen dabei am meisten den gängigen, durch Bildbände und Fotokalender verbreiteten Vorstellungen: Sanfte Hügelketten tragen Weinreben und Ölbaumhaine, Zypressenreihen markieren die Wege, Gehöfte stehen malerisch im Land. Im Mai und Juni blühen Mohn und Ginster in leuchtenden Farben.

Südlich von Siena ändert sich das Bild. Hier beherrscht der Vulkankegel des Monte Amiata die Umgebung. Die bizarr geformten, vegetationsarmen Hügel der Crete ziehen sich über viele Kilometer hin und schaffen eine imposante Atmosphäre von Einsamkeit und Weite. Wieder andere Landschaftseindrücke bieten sich im Apennin sowie den Colline Metallifere südwestlich von Siena; in diesen bewaldeten Mittelgebirgen dominieren dunkle, weniger mediterrane Farbtöne. In den Marmorbergen der Apuanischen Alpen findet man dagegen Felswände und gezackte Berggipfel, die ebensogut in den Dolomiten aufragen könnten.

Üppige Vegetation und ein mildes Klima prägen das Küstengebiet; eine Fülle von Pflanzen gedeiht in der Macchia, dem mittelmeerischen Buschwald mit seinen intensiven Kräuterdüften.

Unerschöpflich ist auch der Reichtum der toscanischen Kunst.

Markenzeichen der Toscana: sanft gewellte Hügel

Seit 2500 Jahren gibt es in der Toscana bedeutende Kulturen. So erinnern geheimnisvolle Gräberstädte noch heute an die Welt der Etrusker. Nach ihnen – die auf lateinisch *tusci* hießen – trägt die Toscana ihren Namen. Die erhaltenen Zeugnisse dieser Kultur finden sich in Nekropolen und Museen, wie dem großen Archäologischen Museum in Florenz.

Auf die Etrusker folgten die Römer. Sie hinterließen Theater- und Tempelbauten, beispielsweise in Fiésole und Volterra.

Die größten Blütezeiten toscanischer Kultur aber waren Mittelalter und Renaissance. Vom 11. bis zum 15. Jh. stand die Region im Zentrum der europäischen Handels- und Finanzbewegungen. Toscanische Kaufleute handelten mit Stoffen und Gewürzen, mit Holz und Fellen, Juwelen und Farben. Sie besaßen Niederlassungen in Syrien und Ägypten, in Tunesien und der Türkei. Das florentinische Geld stellte eine internationale Währungseinheit dar wie heute der Dollar. Der Finanzverkehr entwickelte sich; aus dieser Zeit stammen viele noch heute gebräuchliche Begriffe des Bankwesens, die nicht zufällig italienischen Ursprungs sind: Kredit, Konto, Lombardsatz, Inkasso – um nur einige Beispiele zu nennen.

Auf dieser wirtschaftlichen Grundlage entstand ein blühendes Kultur- und Geistesleben. Wohl kaum ein Gebiet Europas hatte in jener Zeit ein solches Bildungsniveau und ein vergleichbares Kunstschaffen aufzuweisen wie Nord- und Mittelitalien. Maler und Bildhauer erhielten Aufträge von Bürgermeistern, Bischöfen, Bankiers und Großkaufleuten. Sorgfältig wurde auch die Architektur der Städte geplant.

Die Werke aus Mittelalter und Renaissance lassen sich heute in der Toscana noch überall bewundern. Sie blieben besonders gut erhalten, weil die Region nach 1500 einen schnellen Niedergang erlebte.

Mit der Entdeckung des Seeweges nach Amerika verlagerten sich die internationalen Handelsströme. Italien verlor an Bedeutung. Die einst so dynamische wirtschaftliche und kulturelle Entwicklung setzte sich nicht mehr fort. Es entstanden kaum noch neue Bauten; die toscanischen

Ein Augen- und Gaumenschmaus: Ob Melonen am Wegesrand ...

Städte und die Landschaft blieben in den folgenden Jahrhunderten fast unverändert erhalten. So erklärt es sich, daß die meisten Stadtzentren noch heute die Gestalt des 14. und 15. Jh. zeigen.

Die bekanntesten dieser Orte sind Siena, Florenz, Pisa und Lucca. Kleinere Ansiedlungen bieten oft noch unverfälschter das ›pure Mittelalter‹: Cortona, Pitigliano, Massa Marittima, Abbadia San Salvatore, Montalcino – um nur einige zu nennen.

Die Toscana ist für Entdeckungen und Überraschungen immer gut. Nach einer Aufstellung der UNESCO gibt es allein in der Provinz Florenz mehr Kunstwerke als in jedem einzelnen Staat der Welt – Italien selbst ausgenommen! Da bleibt vieles unbekannt, was anderswo eine Sehenswürdigkeit ersten Ranges darstellen würde.

Allerdings kann man die Toscana nicht verstehen, wenn man sich ausschließlich auf Idyllen, Kunst und malerische Architektur konzentriert. Auch vor dieser Region hat die Geschichte – zum Glück für die Bewohner – nicht Halt gemacht. Schon gegen Ende des 19. Jh. erschienen erste Anzeichen einer Industrialisierung, zunächst vor allem im Gebiet um Florenz. Besonders bedeutende Umbrüche gab es in der Zeit nach dem Zweiten Weltkrieg. In den 50er und 60er Jahren zog ein großer Teil der Landbevölkerung in die Städte, um dort besser bezahlte Arbeit zu finden. Heute sind nur noch knapp 7% der Gesamtbevölkerung hauptberuflich als Bauern tätig. Groß ist allerdings die Zahl derjenigen, die in der Freizeit ihren Weinberg oder Ölbaumhain bestellen.

Vor allem in den wenigen Ebenen der Toscana entstanden Industriebetriebe. Maschinenbau und Textilien, Schuhe und Möbel, Chemie und Eisenverarbeitung sind die wichtigsten Branchen. Industrie und Handwerk beschäftigen heute rund 40% der Berufstätigen. Mehr noch sind im Dienstleistungsbereich und Handel aktiv. Der Tourismus spielt dabei eine zunehmend wichtige Rolle. Die Toscana ist keineswegs mehr rückständig oder arm. Trotz der wirtschaftlichen Entwicklung der letzten Jahrzehnte blieben aber das Hügelland und die Bergregionen landschaftlich fast unverändert.

... oder die ganze Vielfalt auf dem Markt in Siena

Der Großteil der Bevölkerung konzentriert sich in einem vergleichsweise kleinen Bereich: im Arno-Tal und an der Küste. Die geringe Besiedlung trägt zum idyllischen Gesamteindruck des Landes bei. In den meisten Gebieten der Toscana zeigt die Landschaft die alten, in Jahrhunderten entstandenen Formen.

Auch die Traditionen sind vielfach lebendig geblieben. Das zeigt sich besonders deutlich beim Palio, dem zweimal jährlich stattfindenden Fest – mittelalterliches Ritual und Pferderennen – in Siena. Aber ebenso locken zahlreiche Feiern in vielen anderen Orten, ob mit Theater, Bootsrennen, historischen Umzügen oder Karrenschieben.

Ebenso untrennbar gehören zur toscanischen Lebensart das gute Essen und der gute Wein. Die bäuerliche Küche der Region wird heute in vorzüglichen Lokalen kreativ verfeinert. Aber man braucht nicht die Spitzenrestaurants aufzusuchen, um erstklassig zu speisen. Auch einfache Trattorien bringen oft köstliche Gerichte auf den Tisch, die mit einem Chianti, einem Vino Nobile oder einem der zahlreichen anderen toscanischen Weine noch besser schmecken.

Für Freunde kulinarischer Genüsse ist die Toscana zudem ein Einkaufsparadies: Olivenöl und Schafskäse, Steinpilze und Wein, Schinken und Gemüse sind auf den farbenfrohen Märkten, in den Delikatessenläden oder direkt bei den Bauern in erster Qualität erhältlich. Gaumenfreunden und Spaß an der Kunst, Naturbegeisterung und Badevergnügen – die Toscana befriedigt die unterschiedlichsten Urlaubsträume.

Geschichte

Um 900–700 v. Chr.	Angehörige der Villanova-Kultur treiben Ackerbau. Sie stellen einfache Keramik, Urnen und Metallwerkzeuge her.
Um 800 v. Chr.	Die Kultur der Etrusker bildet sich als erste Hochkultur auf italienischem Boden heraus.
4. Jh. v. Chr.	Allmähliche Machtübernahme der Römer. Sprache und Lebensformen der Etrusker bleiben unter Rom bis etwa zur Zeitenwende bestehen. Um 400 wird die Provinz Toscana christianisiert.
5.–6. Jh.	Vorübergehende Herrschaft der Ost- und Westgoten sowie der Byzantiner.
570–774	Herrschaft des germanischen Stamms der Langobarden.
ab 774	Machtergreifung der Franken. Bis zum Ausgang der Mittelalters zählt die Toscana rechtlich zum deutschen Kaiserreich. Faktisch sind aber die örtlichen Herrscher zumeist unabhängig.
Ab dem 11. Jh.	Es bilden sich – zunächst in Pisa und Lucca – eigenständige Stadtrepubliken heraus. Die Stadtverwaltung ist begrenzt demokratisch: Nur die männlichen Angehörigen der besitzenden Klassen haben das Wahlrecht.
12.–14 Jh.	Blütezeit der Stadtrepubliken. Enormer Aufschwung von Wirtschaftsleben, Kunst und Kultur. Florenz ist mit rund 100 000 Einwohnern (frühes 14. Jh.) eine der größten europäischen Städte.

1348	Eine Pestepidemie führt zu einem starken Bevölkerungsrückgang und vorübergehendem Stillstand der Wirtschaftsentwicklung.
15. Jh.	Ab 1434 regiert die mächtige Bankiersfamilie der Medici die Stadt Florenz. Ihre bedeutendsten Mitglieder sind Cosimo (›der Ältere‹) und Lorenzo (›der Prächtige‹).
ab 1530	Die Medici werden nach heftigen Kämpfen mit den Demokraten zu absolutistischen Herrschern über die Toscana.
1743	Nach dem Tod der letzten Medici regieren die Habsburg-Lothringer.
1765–1790	Großherzog Peter Leopold setzt wichtige Reformen durch: Abschaffung von Folter und Todesstrafe, Gleichheit der Bürger vor dem Gesetz.
1815–1859	Nach der französischen Besetzung (1799–1815) kehren die Habsburger nach Florenz zurück. 1859 dankt Großherzog Leopold II. nach Massendemonstrationen ab. Die Toscana schließt sich dem neu entstehenden Königreich Italien an.
1865–1871	Florenz ist vorübergehend Hauptstadt Italiens.
1871–1922	Erste Industrialisierungsphase. Florenz wird zur ›roten‹ Stadt (1913 52% der Wählerstimmen für die Sozialisten). In der Zeit nach dem Ersten Weltkrieg Bauern- und Arbeiterunruhen.
1922–1944	Italien unter faschistischer Herrschaft. Schlägerbanden überfallen die Treffpunkte der Arbeiterschaft. In der ›Bartholomäusnacht‹ vom 4. Oktober 1925 werden zahlreiche Anhänger der Linken ermordet.
ab 1945	In der Nachkriegszeit starker wirtschaftlicher Wandel. Ein Großteil der Landbevölkerung zieht in die Städte. Kleine und mittlere Fabriken entstehen.
1966	Flutkatastrophe in Florenz.
1996	Bei den Parlamentswahlen erhält die Listenverbindung Ulivo unter Romano Prodi in der Toscana 59,2% der Stimmen, der Polo della Libertà unter Silvio Berlusconi 36,8%.

Gut zu wissen!

Abschied: Die bei uns übliche Abschiedsform *ciao* ist in Italien meist nur unter guten Bekannten und Freunden üblich. I. a. sagt man besser *buon giorno* oder (nachmittags und abends) *buona sera*. Beides ist auch als Abschiedsfloskel üblich. *Ciao* wird übrigens in Italien auch zur Begrüßung verwendet, was bei Ausländern oft Verwirrung stiftet – so als wolle sich der Gesprächspartner gleich zu Beginn wieder verabschieden.

Fotografieren: Die Freundlichkeit der Menschen, vor allem auf dem Lande, verleitet manchmal dazu, ihr Bedürfnis nach Distanz zu unterschätzen. Solange man nicht ausdrücklich dazu aufgefordert wird, sollte man keinen fremden Hof oder Garten betreten, um dort zu fotografieren -- und wenn die Blumen noch so prachtvoll blühen! Ähnliches gilt in besonderem Maß für Porträtaufnahmen von Menschen: Wenn sie nicht aus großem Abstand erfolgen, bedürfen sie immer der vorherigen Einwilligung.

Handeln: Das Handeln um Preise ist in Geschäften und auf Wochenmärkten unüblich. Anders verhält es sich auf Antiquitäten- und Flohmärkten, wo die Verkäufer häufig zunächst überhöhte Preisvorschläge äußern.

Höflichkeit: Gern werden im Umgang die höflichen Anredeformen *Signorina* (mein Fräulein), *Signora* (meine Dame) und *Signore* (mein Herr) gebraucht, wobei nach wie vor zwischen *Signora* und *Signorina* streng unterschieden wird. Mit diesen Worten kann man auch im Restaurant Kellner und Kellnerinnen auf sich aufmerksam machen.

Kleidung: Italiener sind temperamentvoll, aber sie legen zugleich Wert auf elegante Formen. Das gilt nicht zuletzt für die Kleidung. Es wird ungern gesehen, wenn Touristen in Badekleidung in Stadtzentren promenieren oder Restaurants (außer Strandcafés) aufsuchen. Gerade in Kirchen gelten oft besonders strenge Kleidervorschriften, vor allem für Frauen (keine Shorts, Schultern bedeckt halten). Mit Rücksicht auf die Einheimischen sollte man dies respektieren, selbst wenn man es selbst für unnötig hält.

Perücke auf dem Platz – ja, Bikini in der Kirche – nein!

Obst am Wegesrand: An den Früchten des Landes, an Feigen, Pfirsichen und Weintrauben, sollte man sich – auch in kleinen Mengen – nicht selbst bedienen. Die ›Mitnahmen‹ der Touristen summieren sich für die Einheimischen, und wir selbst haben es ja auch nicht gern, wenn Passanten im Vorgarten am Kirschbaum naschen.

Sicherheit: Die Toscana hat eine sehr niedrige Kriminalitätsrate. Besondere Vorsichtsmaßnahmen sind daher i. a. nicht erforderlich. Generell sollte man allerdings keine Wertsachen – wie beispielsweise Kameras – im Auto zurücklassen. Erhöhte Aufmerksamkeit ist vor allem in Florenz und Pisa, in den Sommermonaten auch an der Küste geboten. An diesen Orten sollte man einen mit Reisegepäck beladenen Wagen nur an bewachten Parkplätzen abstellen – häufig werden Autos aufgebrochen. Wenn möglich, empfiehlt es sich, das Autoradio zu entfernen. Im Gedränge, insbesondere in öffentlichen Verkehrsmitteln und auf Märkten, achte man auf Taschendiebe. In Florenz kommen gelegentlich Handtaschendiebstähle vom Motorrad aus vor. Man schützt sich, indem man Handtaschen niemals zur Straßenseite hin trägt. Höchste Aufmerksamkeit ist geboten, wenn mehrere bettelnde, mit Pappdeckeln wedelnde Kinder auf Sie zukommen. Hier handelt es sich mit Sicherheit um Diebe, von skrupellosen Schleppern fürs ›Geschäft‹ eingesetzt! Während man die Bittgesuche auf den Pappdeckeln liest, machen sich die Kinder an Taschen und Portemonnaies heran.

Trinkgelder: Trinkgelder in Restaurants und Hotels sind zwar nicht unerläßlich, aber üblich. Der normale Satz beträgt im Restaurant ca. 5% des Rechnungsbetrags. Das Aufrunden mit »stimmt so!« ist nicht gebräuchlich; man läßt das Geld beim Weggehen auf dem Tisch liegen. Mit Mini-Beträgen (unter 500 Lire) macht man einen kleinlichen Eindruck. Es ist ›vornehmer‹, gar nichts zu geben, als drei Hunderter-Münzen zurückzulassen! Das gilt auch bei anderen Dienstleistungen.

Feste & Unterhaltung

Februar

Beim **Karneval von Viaréggio** ziehen farbenprächtig geschmückte Wagen durch die Stadt.

April

Für den **Scoppio del Carro** in Florenz am **Ostersonntag** wird auf dem Domplatz ein mit Knallkörpern und Girlanden verzierter hölzerner Wagen aufgebaut. Ein Zünder in Form einer Taube setzt ihn in Brand. Brennt der Wagen beim ersten Versuch, so bedeutet das nach alter Überlieferung ein gutes Erntejahr; klappt es nicht gleich, so befürchten die Bauern Mißernten. Das Fest geht auf die Tradition des Osterfeuers zurück.

Mai

Der **Maggio Musicale Fiorentino** ist ein bedeutendes Festival klassischer Musik. Es bringt den ganzen Mai hindurch Konzerte und Opernaufführungen mit renommierten Künstlern nach Florenz.

Am **Himmelfahrtstag** treffen sich die Florentiner im Park Le Cascine mit Picknick und Musik zur **Festa del grillo**, ursprünglich, um Grillen zu fangen.

Am **ersten Sonntag nach dem 20. Mai** findet in Massa Marittima die **Balestra del Girifalco** statt. Ein Wettkampf von Armbrustschützen in historischen Kostümen steht dabei im Mittelpunkt.

Juni

Am **17. Juni** veranstaltet Pisa die **Regata di San Ranieri**, ein Bootsrennen auf dem Arno zu Ehren des Stadtpatrons.

Am *24. Juni* sowie an einem weiteren Junisonntag gibt es auf der Piazza della Signoria in Florenz den **Calcio in Costume**. Bei der Fußballpartie in historischen Kostümen kommt es zwischen den Spielern regelmäßig zu heftigen Schlägereien Angeblich geht das harte Spiel auf einen Zeitvertreib römischer Legionäre zurück.

Beim **Gioco del Ponte** steht am **letzten Junisonntag** in Pisa ein Karren auf Schienen auf der Arno-Brücke. Die Angehörigen gegnerischer Stadtteile versuchen, ihn auf die andere Seite zu drücken. Ursprünglich wurde der Kampf zwischen den Stadtvierteln als blutige Knüppelschlacht ausgefochten. Lorenzo de' Medici ließ 1490 die Schlägerei durch das harmlosere Karrenschieben ersetzen.

Juli

In den Sommermonaten (Juli–Sept.) bringt das **Festival Estate Fiesolana** zahlreiche Theater- und Tanzensembles, Orchester und Solisten nach Fiésole. Darbietungen gibt es z. T. im römischen Theater. Am **2. Juli** findet in Siena das berühmteste Fest der Toscana, der **Palio**, statt. Die Stadtteile kämpfen in einem Pferderennen miteinander, das um die zentrale Piazza del Campo führt. Das Rennen

Stadtteil gegen Stadtteil, Pferd gegen Pferd: der Palio von Siena

selbst dauert weniger als zwei Minuten, das Fest mit Umzügen, Musik und Speisen dagegen mehrere Tage.

Beim **Festival dell' Attore** in der **zweiten Julihälfte** in Montalcino kann man auf Straßen und Plätzen der Kleinstadt experimentelles Theater erleben.

Der **Cantiere Internazionale dell'Arte**, das Festival moderner Musik in Montepulciano, findet im **Juli und August** statt. Es wurde von dem deutschen Komponisten Hans Werner Henze begründet. An den Aufführungen nehmen auch einheimische Musikgruppen und Chöre teil.

August

Cantiere Internazionale dell' Arte: s. Juli.

Am **15.** feiern die Bewohner von Montepulciano den **Bruscello**, ein Kostümfest, bei dem viele Stadtbewohner als Sänger und Schauspieler auftreten.

Am Tag darauf, dem **16.**, wird in Siena ein zweiter **Palio** mit ebenso großem Aufwand wie der im Juli veranstaltet.

Beim **Bravio delle Botti** von Montepulciano am **letzten Sonntag im August** rollen Angehörige der verschiedenen Stadtteile riesige Weinfässer um die Wette die Gassen hinauf. Dazu kommen historische Umzüge und ein großes Festessen.

September

Giostra del Saracino am **ersten Sonntag** in Arezzo: Acht Reiter (zwei für jedes Stadtviertel) kämpfen mit Lanzen gegen eine Holzpuppe, den sog. Sarazenen. Die Puppe schlägt mit Bleikugeln zurück – je schlechter der Reiter zielt, desto härter. Der Kampf gegen den ›Sarazenen‹ geht angeblich auf das Jahr 1593 zurück.

Lucca begeht am **13.** das Fest des **Volto Santo**, des Heiligenbildes im Dom, mit einer Prozession. Am **14.** schließen sich die Umzüge und Spiele des **Palio di S. Croce** an.

Oktober

Ein Fackelzug, historische Umzüge, Bogenschießen und andere Wettkämpfe zwischen den Stadtteilen kennzeichnen die **Sagra del Tordo** in Montalcino am **letzten Wochenende**.

Spezialitäten

Die toscanische Küche ist reich an köstlichen Überraschungen. Das beginnt bei den *antipasti*, den Vorspeisen, mit den *crostini di fegato* (geröstetes Brot mit Leberpastete) oder der *bruschetta*, geröstetem Brot mit Knoblauch und Olivenöl (manchmal auch *fettunta* genannt). Unter den Nudelgerichten sollte man *pappardelle alle lepre* (breite Nudeln mit Hasenfleisch-Sauce) probieren oder *ravioli alla ricotta e spinaci*, Teigwaren mit Quark-Spinat-Kräuter-Füllung. Ein großer Genuß sind eine *ribollita*, eine Brotsuppe mit verschiedenen Gemüsen, oder die *zuppa di funghi*, die Pilzsuppe. Unter den Hauptgerichten ist die *bistecca fiorentina*, ein am offenen Feuer gegrilltes Lendenstück vom Rind, der toscanische Klassiker. Daneben finden sich *arista di maiale*, ein relativ magerer Schweinebraten, *ossobuco* (gedünstete Kalbshaxe), *trippa alla fiorentina* (Kutteln in Tomatensauce), *faraona* (Perlhuhn), *coniglio* (Kaninchen) und *cinghiale* (Wildschwein). Toscanische Nachspeisen sind die *torta della nonna* (›Großmutter-Kuchen‹) mit Creme und Pinienkernen, der *panforte*, ein Mandel-Nuß-Gewürzkuchen, und die *cantuccini*, Mandelbiskuits, die man in den Süßwein Vinsanto taucht.

Weine der Toscana

Der toscanische Wein ist weltbekannt, vor allem der *Chianti*. Zu den teuersten Rotweinen Italiens zählt der schwere *Brunello di Montalcino*; eine preisgünstigere Alternative bietet der *Vino Nobile di Montepulciano*, der ebenfalls exzellente Qualität erreichen kann. Aber auch an unbekannteren Roten, wie dem *Morellino* aus der Provinz Grosseto oder dem *Carmignano,* der bei Florenz gedeiht, kann man Freude haben. Unter den Weißweinen sind der *Vernaccia di San Gimignano* und der *Montecarlo Bianco* nennenswert.

Wann, was und wie

Das Frühstück ist in Italien oft kärglich. Italiener geben sich am Morgen gewöhnlich mit einem *espresso* oder *cappuccino* und einem Hörnchen zufrieden. Auf

100g-Preise

Bei Fischgerichten und der toscanischen Spezialität *bistecca fiorentina* (Lendenstück vom Jungrind) wird der Preis auf den Speisekarten meist pro 100g (*netto*) angegeben, die gesamte Portion kostet also das Drei- bis Fünffache!

Im Restaurant

Nicht nur in vornehmeren, sondern oft auch in einfachen Lokalen setzt man sich nicht umstandslos an einen Tisch, sondern läßt sich einen Platz zuweisen. Drängeln und Eile beim Essen ist nicht üblich und wird ungern gesehen.

ausländische Gäste eingestellte Hotels bieten allerdings oft ein reichhaltigeres Frühstück.

Mittags und abends kann man überall in der Toscana vorzüglich und ausgiebig speisen. Das **Mittagessen** wird meist zwischen 12.30 und 14.30 Uhr serviert, das **Abendessen** von 19/19.30 bis etwa 22 Uhr. Ein komplettes Menü besteht aus Vorspeise, erstem Gang (Teigwaren, Suppe oder *risotto*), Hauptgang und Obst oder Dessert. In manchen Restaurants wird es ungern gesehen, wenn Gäste sich nur mit einem Teller Nudeln und einem Salat begnügen, aber Sie sind nicht verpflichtet, sich durch das ganze Menü ›durchzuarbeiten‹ – die Kombinationen Vorspeise/Nudelgericht oder Hauptgang/Nachspeise sind auch unter Italienern durchaus üblich. Brot und Gedeck (*pane e coperto*) werden überall mit einem Festpreis (meist 2–4 DM) in Rechnung gestellt, unabhängig davon, wieviel der Gast verzehrt. Beilagen (*contorni*) müssen extra bestellt werden!

Bedienungsgeld (*servizio*) wird manchmal extra berechnet, muß dann aber auf der Speisekarte angegeben sein.

Kulinarischer Sprachführer

agnello	Lamm
anatra, anitra	Ente
antipasta misto	gem. Vorspeise
branzino	Seebarsch
cacciucco	Fischsuppe
fagioli	dicke Bohnen
finocchio	Fenchel
finocchiona	Salami mit Fenchelsamen
formaggio	Käse
fragole	Erdbeeren
insalata di mare	gem. Vorspeise mit Meeresfrüchten
maiale	Schwein
macedonia	Obstsalat
manzo	Rind
melanzane	Auberginen
orata	Goldbrasse
pappa al pomodoro	Tomatensuppe mit Brot
pappardelle	breite Bandnudeln
pecorino	Schafkäse
pesce spada	Schwertfisch
pici	kleine Nudeln
pollo	Huhn
pomodori	Tomaten
prosciutto	Schinken
salsicce	Schweinswürstchen
scaloppine	dünne Kalbsschnitzel
sogliola	Seezunge
vitello	Kalb
zuppa inglese	Vanillecreme mit Biskuits und Likör
caffè/espresso	Espresso
caffè lungo	Espresso, mit heißem Wasser gestreckt
caffè macchiato	Espresso mit etwas Milch
caffè coretto	Espresso mit Grappa

Sport & Freizeit

Golf und Reiten

Golfplätze finden sich vor allem am Meer wie beispielsweise in Forte dei Marmi (s. S. 76). Bei Montecatini lohnt sich ein Besuch des Platzes Monsummano Terme (s. S. 63).

Reiterferien werden von Agriturismo-Betrieben (Bauernhöfen mit Unterkunft) veranstaltet (s. S. 25).

Radfahren und Wandern

In der Toscana lassen sich herrliche **Wanderungen** im Hügelland und in den Bergregionen des Apennin durchführen. Kartenmaterial findet man in Florenz in der Buchhandlung Il Viaggio, Borgo Albizi 41.

Für **Radtouren** sollte man sich kleine Landstraßen aussuchen; da es keine Radwege gibt, wird auf den Hauptstraßen der dichte Autoverkehr oft unangenehm! Im Hügelland sind die Steigungen teils beträchtlich. Eine genaue Straßenkarte ist »Toscana« im Maßstab 1:200 000 vom Touring Club Italiano (im deutschsprachigen Raum von Kümmerly & Frey verlegt). Verleih guter Mountain Bikes: in Montepulciano (s. S. 55 sowie Extra-Tour 5, s. S. 92) sowie in Massa Marittima (s. S. 52).

Tauchen und Segeln

Tauchen ist besonders im südlichen Küstenabschnitt zwischen Livorno und dem Monte Argentario interessant. Tauchschulen gibt es in Livorno, Castiglioncello und Piombino.

Möglichkeiten zum **Segeln** bieten sich an der gesamten Küste.

Angeln ist im Meer ohne Erlaubnis zulässig; für Binnengewässer benötigt man eine Genehmigung (Information bei den Touristenbüros).

Strände und Bäder

Der nördlichste Küstenabschnitt, die **Versilia** zwischen Marina di Carrara und Viaréggio, weist schöne breite Sandstrände auf. Das Hotelangebot ist groß. Allerdings ist die Küste weitgehend zersiedelt. Im Sommer haben die Orte aufgrund des starken Touristenandrangs eine eher städtische, unruhige Atmosphäre.

Südlich von Viaréggio sind die Ufer einsamer. Vor Livorno ist die Küste flach, dann folgt bis Castiglioncello eine landschaftlich reizvolle Felsküste mit einigen Badebuchten. Allerdings ist hier die Wasserqualität vergleichsweise schlecht; zudem führt die Uferstraße nah am Meer entlang, so daß man meist den Lärm der vorbeifahrenden Autos hört.

Sonne, Strand und Meer: Ferienspaß Toscana

Von Castiglioncello bis zum Golf von Baratti erstreckt sich die **Riviera degli Etruschi**, fast durchgängig mit breiten Sandstränden hinter ausgedehnten Pinienwäldern. Die Küstenorte zeigen keine besonderen Reize, doch für einen **Badeurlaub** ist die Gegend gut geeignet.

Am Vorgebirge von Piombino mit seinen steil abfallenden Hängen wird die Landschaft abwechslungsreicher; baden kann man hier allerdings nur am schönen, an Wochenenden meist überlaufenen **Golf von Baratti**.

Nach Süden hin folgt die dünn besiedelte **Maremmen-Küste**, weiterhin mit breiten Stränden, z. B. bei Punta Ala und dem ehemaligen Fischerort Castiglione della Pescaia.

Gänzlich unberührt von den Spuren der modernen Zivilisation ist der Naturpark der Maremma (Extra-Tour 4, s. S. 90) südlich von Grosseto (schöner Badestrand in Marina di Alberese, hübsch auch das Dorf Talamone). Das anschließende Vorgebirge des Monte Argentario fällt steil zum Meer hin ab und ist daher kein ideales Badegebiet.

Thermalbäder finden sich u. a. in Montecatini Terme, Monsummano Terme, Bagno Vignoni, Bagni S. Filippo, Bagni di Petriolo, Saturnia.

Kinder

Seichte Uferabschnitte, an denen Kinder gut spielen können, gibt es in der Versilia, beispielsweise in Forte dei Marmi und Viaréggio, sowie weiter südlich an der Riviera degli Etruschi, etwa in Marina di Castagneto-Donoratico.

Unbedingt besuchenswert ist der **Pinocchio-Park** in Collodi (15 km nordöstlich von Lucca, s. S. 50). Skulpturen und Bauten stellen dort die in Italien sehr populäre Pinocchio-Geschichte dar.

Anziehend für Kinder sind auch der **Zoologische Garten** von Pistóia (s. S. 63), das **Acquario Comunale** (Meerwasserzoo) in Livorno (s. S. 48) und das **Bergbaumuseum** in Massa Marittima (s. S. 52).

Sprachführer

Die Aussprache italienischer Wörter ist verhältnismäßig einfach. Im Regelfall wird auf der vorletzten Silbe betont. Die Aussprache entspricht der Schreibweise, mit folgenden Ausnahmen: *C* und *G* werden vor *i* und *e* als »tsch« bzw. »dsch« gesprochen (also *Cina*= »Tschina«, *Giorgio* = »Dschordscho«), vor *a*, *o*, *u* und *h* als k bzw. g (also *Chianti*=»Kianti«). *Gn* und *gl* werden wie »nj« bzw. »lj« gesprochen (also *gnocchi*=»njokki«, *maglia*=»malja«). Der Buchstabe *h* wird nicht ausgesprochen (*ha*= »a«). Doppelvokale (Diphtonge) sind getrennt zu sprechen (*polizia*=»polizi-a«, *automatico*= »a-utomatico«).

Einkaufen

Ausverkauf	saldi
bar	in contanti
Geschäft	negozio
Größe (Kleidung, Schuhe)	misura
Kleidung	abbigliamento
Kreditkarte	carta di credito
Markt	mercato
Milch	latte
Mückenschutz	insettifugo
Quittung	ricevuta
Rabatt	sconto
Scheck	assegno
Schuhe	scarpe
Straßenkarte	carta stradale
T–Shirt	maglietta

Notfälle/Krankheiten

Apotheke	farmacia
Arzt	medico
Entzündung	infezione
Erste Hilfe	pronto soccorso
Feuerwehr	vigili del fuoco
Fieber	febbre
Notfall	situazione di emergenza
Schmerzen	dolori
Unfall	accidente
Wunde	ferita
Zahnarzt	dentista

Post

Brief	lettera
Briefkasten	buca delle lettere
Briefmarke	francobollo
Postamt	ufficio postale
Postkarte	cartolina
Telefon	telefono
Telefonbuch	elenco telefonico
Telefonkarte	scheda telefonica

Strandleben

Badeanzug	costume da bagno
Liegestuhl	sedia a sdraio
Sonnenschutzcreme	crema solare
Strand	spiaggia
Umkleidekabine	cabina

Straßen–/Flugverkehr

Abfahrts-/ Ankunftszeit	orario di partenza/arrivo
Ampel	semaforo
bleifrei	senza piombo
Fahrkarte	biglietto
Fahrplan	orario

Die wichtigsten Sätze

Buon giorno.	Guten Tag/ Auf Wiedersehen.
molto bene.	Sehr gut.
C'è...?	Gibt es…?
Vorrei...	Ich möchte.
Dov'è...?	Wo ist…?
Scusi	Entschuldigung.
Quanto costa?	Wieviel kostet das?
Ha una camera... doppia/singola libera?	Haben Sie ein freies Doppelzimmer?
Il conto, per favore.	Die Rechnung bitte.
C'è un bagno, per favore?	Gibt es eine Toilette, bitte?
Va bene!	In Ordnung.
Come va? Bene, grazie.	Wie geht's? Danke, gut.
Non ho capito.	Ich habe nicht verstanden.
C'è posto?	Gibt es Platz?
Parla tedesco (inglese)?	Sprechen Sie Deutsch/Englisch?
Posso telefonare?	Kann ich telefonieren?
Quando apre (chiude)...?	Wann öffnet (schließt)…?

Führerschein	patente
Gepäckaufbewahrung	deposito bagagli
Hin- und Rückfahrt	andata e ritorno
Kreuzung	incrocio
Parkplatz	parcheggio
Tankstelle	stazione di servizio
Wagenpapiere	libretto, documenti

Unterkunft

Anzahlung	caparra
(mit/ohne) Bad	(con/senza) bagno
Balkon	balcone
Bett	letto
Campingplatz	campeggio
Doppelzimmer	camera doppia
Dusche	doccia
Einzelzimmer	camera singola
Gepäck	bagagli
Hotel	albergo, hotel
Herberge	ostello

1	uno	25	venticinque
2	due	26	ventisei
3	tre	27	ventisette
4	quattro	28	ventotto
5	cinque	29	ventinove
6	sei	30	trenta
7	sette	40	quaranta
8	otto	50	cinquanta
9	nove	60	sessanta
10	dieci	70	settanta
11	undici	80	ottanta
12	dodici	90	novanta
13	tredici	100	cento
14	quattordici	200	duecento
15	quindici	300	trecento
16	sedici	400	quattroce.
17	diciassette	500	cinquece.
18	diciotto	600	seicento
19	diciannove	700	settecento
20	venti	800	ottocento
21	ventuno	900	novecento
22	ventidue	1000	mille
23	ventitres	2000	duemila
24	ventiquattro	Million	milione

Auskunft

Informationen und Prospektmaterial erhält man beim Staatlichen Italienischen Fremdenverkehrsamt (ENIT), das im deutschsprachigen Raum folgende Vertretungen unterhält:

... in Deutschland

– Berliner Allee 26, 40212 Düsseldorf,Tel. 0211/13 22 31,
Fax 0211/13 40 94

– Kaiserstr. 65, 60329 Frankfurt/Main, Tel. 069/23 74 10,
Fax 069/23 28 94

– Goethestr. 20, 80336 München, Tel. 089/53 03 60,
Fax 089/53 45 27

... in Österreich

–Kärntnerring 4, 1010 Wien,
Tel. 01/505 43 74,
Fax 01/505 02 48

... in der Schweiz

– Uraniastr. 32, 8001 Zürich,
Tel. 01/211 36 33,
Fax 01/211 38 85

Reisezeit

Die Toscana kann man ganzjährig bereisen; auch im Winter gibt es Schönwetterperioden mit milden Temperaturen, und die Kunststädte – vor allem Florenz – lassen sich dann wesentlich ungestörter besichtigen. I. a. sind aber die Monate April bis Juni sowie September und Oktober klimatisch am angenehmsten. Im Frühjahr kommt es zwar immer wieder zu starken Regenfällen, doch sind dann die Baum- und Blumenblüte besonders reizvoll. Bis Mitte Mai kann es abends noch kühl werden, tagsüber liegen die Temperaturen im April und Mai meist um 16–25 °C. Der Juni ist i. a. warm und trocken, im Juli und August steigen die Tageshöchstwerte in den Städten meist über 30 °C an. Der September bringt dann wieder gemäßigtere Hitzegrade. Oft bleibt es noch bis Anfang November spätherbstlich angenehm. Im Winter sinken die Temperaturen kaum je unter die Frostgrenze, nur selten fällt Schnee. Baden kann man normalerweise von Mitte Mai bis Ende Oktober.

Einreise

Für die Einreise nach Italien genügt bei Deutschen, Schweizern und Österreichern ein gültiger Personalausweis oder Reisepaß.

Autofahrer benötigen den nationalen Führerschein und den Kfz–Schein. Die Mitnahme der internationalen grünen Versicherungskarte ist nicht vorgeschrieben, aber empfehlenswert.

Zollbestimmungen: Die Einfuhr von Waren aus Mitgliedstaaten der EU nach Italien bzw. die Ausfuhr aus Italien in Mitgliedstaaten wird in der Regel nicht mehr kontrolliert. Stichproben sind allerdings möglich. Wer Gegenstände für den eigenen Bedarf ein- oder ausführt, kann dies zollfrei tun, solange er den ›Eigenbedarf‹ nachvollziehbar erklären kann. Wer also in der Toscana 5000 Flaschen Rotwein einlädt, wird bei einer Stichprobe mit ziemlicher Gewißheit zur Kasse gebeten.

Ware, die zollfrei eingekauft wurde, muß weiterhin versteuert werden. Hier gelten ebenso wie für Schweizer Staatsbürger noch die alten Richtwerte: Frei ein- bzw. ausgeführt werden dürfen: maximal 200 Zigaretten, 1 l Spirituosen oder 2l Wein pro Person.

Anreise

Mit der Bahn

Direkte Bahnverbindungen nach Florenz existieren u. a. von Köln, Mannheim, München, Basel, Zürich, Innsbruck und Wien. Aufgrund der niedrigen italienischen Fahrpreise ist die Bahnanreise durchaus preisgünstig. So kostet die einfache Fahrt München–Florenz inklusive EC-Zuschlag lediglich ca. 120 DM. Die Fahrzeit beträgt ab Basel ca. 9 Std., ab München 8 Std.

Direkt erreicht man von Deutschland aus auch Arezzo und Chiusi in der Südtoscana. Mit Umsteigen in Mailand gelangt man nach Pisa und in die Orte der Küste, mit Umsteigen in Florenz nach Siena.

Mit dem Auto

Aus dem südwestdeutschen Raum und der Schweiz Autobahn über den Gotthard via Mailand nach Florenz (ab Basel 700 km), aus Bayern Autobahn über den Brenner via Verona nach Modena (ab München 650 km). Autoreisezüge verkehren im Sommerhalbjahr von Hamburg, Hannover, Köln und Neu Isenburg nach Verona und Livorno sowie von Hannover, Köln, Neu Isenburg und Berlin nach Bologna.

Mit dem Flugzeug

Direktflüge nach Florenz starten von Frankfurt und München, nach Pisa von München. Von allen anderen Flughäfen gibt es Verbindungen über Frankfurt, München oder Mailand.

In Florenz landet man auf dem **Flughafen Peretola**, von dem aus man mit Linienbussen oder Taxen das Zentrum in rund 20 Min. erreicht.
Der **Flughafen Galileo Galilei** in Pisa liegt nur ca. 10 Min. (ebenfalls mit Bus oder Taxi) vom Zentrum entfernt; er hat einen direkten Bahnanschluß nach Pisa-Hauptbahnhof und Florenz (bis Florenz 1 Std. Fahrzeit). In beiden Flughäfen sind zahlreiche Mietwagenfirmen vertreten.

Unterwegs in der Toscana

Mit der Bahn

Die Toscana läßt sich gut mit Bahn und Bus bereisen. Das Liniennetz ist dicht, praktisch alle Orte werden von öffentlichen Verkehrsmitteln bedient und die Preise liegen niedrig.

Hauptstrecken der Bahn, die durch die Toscana führen, sind die Linien Florenz–Rom (mit den Bahnhöfen Arezzo, Cortona und Chiusi), Florenz–Pisa und Viaréggio–Pisa–Rom (mit den Bahnhöfen Livorno, San Vincenzo, Grosseto). Nebenstrecken führen von Florenz über Émpoli nach Siena, von Florenz über Prato–Pistóia–Lucca nach Pisa, von Siena über Montepulciano nach Chiusi und von Siena über Buonconvento nach Grosseto. Der Fahrpreis in der 2. Klasse liegt bei ca. 0,10 DM pro km.
Bahnfahrkarten sollte man unbedingt vor Fahrtantritt am Schalter lösen. Nachlösen im Zug ist unverhältnismäßig teuer. Die Fahrkarten müssen vor Reisebeginn an Automaten abgestempelt wer-

den. Sie sind dann bei Strecken bis 200 km 6 Std. gültig, bei längeren Strecken 24 Std., die durch nochmaliges Stempeln auf 48 Std. verlängert werden können. Innerhalb dieses Zeitraums sind Fahrtunterbrechungen beliebig möglich. Rückfahrkarten müssen vor Antritt der Rückreise erneut gestempelt werden.

Mit dem Bus

Busse verkehren zwischen größeren Orten (z. B. Siena–Florenz, Florenz–Lucca u. a.) sowie von den Provinzhauptstädten (Arezzo, Florenz, Grosseto, Livorno, Lucca, Massa-Carrara, Pisa, Pistóia, Siena) in alle Orte der jeweiligen Provinz.

Fahrkarten sind meist im Bus nicht erhältlich, sondern müssen am Schalter des Busbahnhofs erworben werden. In kleineren Orten kann man sie in den Tabacchi-Geschäften bekommen. Die Fahrpreise sind denen der Bahn vergleichbar. An Sonn- und Feiertagen fahren die Busse auf vielen Strecken nicht oder jedenfalls erheblich seltener als werktags.

Mit dem Taxi

Taxen sind in den Städten i. a. leicht zu bekommen. Die Rufnummer findet man im Telefonbuch unter *taxi* und *radio-taxi*. Der Fahrpreis beträgt knapp 2 DM/km (Mindestgebühr um 5 DM). Für Gepäck, Fahrten an Sonntagen, Nachtfahrten u. ä. fallen Zuschläge an. Taxifahrer sind bei Stadtfahrten verpflichtet, den Taxameter einzuschalten. Auf dem Land erfährt man in Hotels, Restaurants oder Bars die Adresse des örtlichen Taxifahrers – sofern es einen gibt.

Für Überlandfahrten müsen Sie den Tarif mit dem Fahrer aushandeln. Als Richtlinie gilt dabei ein Preis von gut 2 DM pro Kilometer, wobei die Leer-Rückfahrt nicht gesondert berechnet wird.

Mit dem Auto

Leihwagen findet man an den Flughäfen Florenz und Pisa sowie in Arezzo, Grosseto, Livorno, Lucca, Pisa, Prato, Siena, Viaréggio. Die Anschriften der Firmen stehen im Branchen-Telefonverzeichnis (*pagine gialle*) unter *autonoleggio*. Man erfährt sie auch bei den Touristenbüros.

Autobahnen sind in Italien gebührenpflichtig (ca. 10 DM für 100 km). Die Benzinpreise liegen höher als in Deutschland (Mitte '97: Diesel ca. 1,50 DM, bleifrei 1,90 DM, verbleites Benzin 2 DM je Liter).

Höchstgeschwindigkeiten: 130 km/h auf Autobahnen, 110 km/h auf Schnellstraßen, 90 km/h auf Landstraßen und 50 km/h in Ortschaften.

Italienische Autofahrer halten sich nicht unbedingt an die **Verkehrsregeln**, fahren aber generell mit großer Aufmerksamkeit. Oft ist die spontane Einschätzung der Situation wichtiger als die strenge Einhaltung der Vorschriften! Auf seinem ›Recht‹ zu beharren, hat wenig Sinn, Flexibilität ist hier gefragt.

Unterkünfte

Die Toscana bietet ein großes Angebot an Hotels und Ferienwohnungen. Relativ selten hingegen sind Jugendherbergen und – außer an der Küste – Campingplätze.

Hotels

Bei den **Ein-Stern-Häusern** reicht das Spektrum von der ordentlichen, sympathischen Familienpension bis zur ungepflegten Billigbleibe. **Zwei-Sterne-Hotels** sind unterschiedlich: oft überraschend gepflegt, manchmal unangenehm vernachlässigt. Die große Mehrheit der Hotels – auch der einfachen Kategorie – ist jedoch sauber und korrekt geführt. In **Vier- und Fünf-Sterne-Häusern** kann man i. a. erstklassigen Komfort erwarten. In den Drei-Sterne-Hotels gibt es meist guten bis gehobenen Mittelklassestandard.

Vorbestellung von Hotelzimmern ist für Florenz und Siena während des gesamten Sommerhalbjahrs (von Ostern bis Oktober) empfehlenswert. Unbedingt reservieren sollte man, wenn man während der Osterferien oder in der Zeit vom 25. April bis 1. Mai (Feiertage, zwischen denen viele Italiener Urlaub machen) unterwegs ist. Langfristig ausgebucht sind die Unterkünfte darüber hinaus während der örtlichen Feste (s. S. 14/15). Am Meer ist vor allem für den Monat August und in geringerem Maß bereits ab Mitte Juli die Vorbestellung ratsam.

Die in diesem Buch empfohlenen Unterkünfte wurden sorgfältig ausgesucht. In Städten liegen sie, sofern nichts anderes angegeben ist, in den historischen Zentren. Nach Möglichkeit werden Häuser mit ›besonderer Note‹ und Atmosphäre vorgeschlagen. Die Preiskategorien sind:

Günstig: Doppelzimmer 50–100 DM.
Moderat: 100–160 DM.
Teuer: 160–250 DM.
Luxus: ab 250 DM.

Agriturismo

Urlaub auf dem Bauernhof ist in vielen Orten möglich. Jedoch ist diese Variante nicht unbedingt preiswerter als die Unterkunft in Ferienwohnungen oder Hotels. Adressen erfährt man bei den örtlichen Informationsbüros.

Ferienwohnungen

Ferienwohnungen gibt es in der Toscana in großer Zahl. Sie werden häufig über Reisebüros oder Agenturen in Deutschland vermietet. Privatvermieter inserieren vielfach auch im Reiseteil überregionaler Zeitungen.

Jugendherbergen

Jugendherbergen gibt es u. a. in Florenz, Siena, San Gimignano, Volterra, Pisa, Arezzo und Cortona. Auf dem Land sind sie selten.

Die Übernachtungspreise liegen meist zwischen 18 und 22 DM, in Einzelfällen auch etwas höher. I. a. wird man in Mehrbettzimmern untergebracht, doch bieten manche Jugendherbergen ohne großen Aufschlag auch Zwei- und Dreibettzimmer an.

Campingplätze

Campingplätze sind an der Küste vergleichsweise zahlreich. Im Binnenland existieren dagegen insgesamt nur rund zwei Dutzend Plätze, u. a. in Florenz, Siena, San Gimignano und Volterra.

Orte

Von den berühmten Städten der Renaissance in malerische Dörfer, an die weiten Strände der Riviera degli Etruschi oder zu den weißen Steinbrüchen der Apuanischen Alpen. Beeindruckende Kunstschätze aus der Zeit der Medici und farbenfrohe Märkte, aber auch urige Trattorien und die besten Weinlokale im Chianti-Gebiet, günstige Unterkünfte und edle Herbergen, quirlige Diskotheken in Florenz

on A-Z

und traditionelle Feste. Dieser Führer zur Toscana gibt Ihnen nützliche Tips und ausgesuchte Adressen an die Hand, damit Ihr Urlaub zu einem Erlebnis wird! Und dem, der mehr – und anderes – in der Toscana sehen möchte, dem seien die Extra-Touren empfohlen. Die Toscana in kompakter, überschaubarer Form für den, der viel sehen und nichts verpassen will.

Orte von A-Z

Alle interessanten Orte und ausgewählte touristische Highlights auf einen Blick – alphabetisch geordnet und anhand der Lage- bzw. Koordinatenangabe problemlos in der großen Extra-Karte zu finden.

Abbadia San Salvatore

Lage: F 9
Extra-Tour 3: s. S. 88
Vorwahl: 0577
Einwohner: ca. 8500

Der hübsche alte Ortskern des Städtchens auf 812 m Höhe mit seinen schmalen Gassen und den Häusern aus dunklem vulkanischen Gestein ist noch gut erhalten. Eine Attraktion stellt die Benediktinerabtei, eines der ältesten Klöster Italiens, dar. Abbadia San Salvatore ist ein geeigneter Ort für Ausflüge in die einsame Bergwelt des Monte-Amiata-Massivs.

Klosterkirche San Salvatore: Via del Monastero. Die Abtei wurde bereits 743 von den Langobarden gegründet. Aus der Entstehungszeit blieb noch die eindrucksvolle Krypta erhalten. Der romanische Kirchenbau stammt aus dem 11. Jh.

Altstadt: In den Gassen des mittelalterlichen Ortskerns sieht man gotische und Renaissance-Bauten aus vulkanischem Trachyt-Gestein vom Monte Amiata.

Am Monte Amiata, dessen Gipfel 1738 m erreicht, gibt es zahlreiche reizvolle Wanderwege. Die schönsten Zeiten für Fußtouren sind Mai und Juni, wenn die Bergblumen blühen – darunter viele Orchideen – sowie der Spätherbst mit der Laubfärbung.

Von Abbadia San Salvatore aus lassen sich auch die anderen Städtchen und Dörfer am Monte-Amiata-Massiv besuchen (Extra-Tour 3, s. S. 88f.).

Via Mentana 97,
Tel. 77 86 08, Fax 77 90 13.

Fonte Magria: Strada Vetta Amiata km 2,2,
Tel. 77 85 39, günstig.
Das etwas außerhalb des Zentrums in Richtung Amiata-Gipfel gelegene Haus ist in erster Linie ein Restaurant (s. u.), vermietet aber auch einige Zimmer. Besonders angenehm ist an der Unterkunft die ruhige, schöne Lage am Waldrand.

Kappa Due: Via del Laghetto 15,
Tel. 77 86 09, Fax 77 63 37,
moderat.
Ruhig gelegenes, ordentliches Haus.

Sightseeing	Camping
Baden/Strände	Restaurants
Sport & Freizeit	Shopping
Ausflüge	Nightlife
Information	Feste
Hotels	Verkehr

Fonte Magria: Strada Vetta Amiata km 2,2, Tel. 77 85 39, Mo geschl. Zu günstigen Preisen bietet dieses Ausflugsrestaurant die vorzüglichen Pilzspezialitäten der Gegend an; auch die Fleischgerichte und den Schafskäse aus der örtlichen Produktion sollte man sich nicht entgehen lassen.

Linienbusse fahren mehrfach tgl. von Abbadia San Salvatore nach Siena (z. T. Umsteigen in die Bahn in Buonconvento).

Arezzo

Lage: G 6
Vorwahl: 0575
Einwohner: 90 500

Arezzo ist eine angenehme, lebendige Stadt am Rand des Arno-Tals. Im Zentrum findet man noch viele Handwerksbetriebe und schöne Geschäfte. Unter den Kunstwerken ragen die Fresken des Renaissance-Malers Piero della Francesca in der Franziskanerkirche hervor, doch sind auch die romanische Pieve di Santa Maria und der Dom von besonderem Interesse. Am ersten Wochenende jeden Monats wird in den Gassen des Zentrums einer der größten Antiquitätenmärkte Italiens veranstaltet.

San Francesco: Die Franziskanerkirche an der gleichnamigen Piazza birgt im Chor einen der berühmtesten Freskenzyklen der Renaissance. Piero della Francesca hat hier 1453–64 die selten gemalte »Kreuzlegende«, die Geschichte des Kreuzes Christi dargestellt.
Pieve di S. Maria: Corso Italia. Die romanische Kirche, die älteste Kirche Arezzos, besitzt eine ungewöhnliche Fassade mit drei übereinandergestellten Reihen von Bogen- und Säulengängen und einen eindrucksvollen Innenraum. Auf dem Hauptaltar befindet sich ein schönes Marienbild des sienesischen Malers Pietro Lorenzetti (1320).
Piazza Grande: Den Hauptplatz der Stadt umgeben geschickt restaurierte mittelalterliche Häuser, zwei repräsentative Palazzi und die Apsis der Pieve di S. Maria.
Petrarca-Haus: Via dell 'Orto 28, geöffnet 10–12, 15–17 Uhr, Sa nachmittags, So, feiertags geschl.

Das angebliche Geburtshaus des bedeutenden Dichters ist eine wohlgemeinte Fälschung. Es stammt aus dem 16. Jh., hier kann also der Poet, der 1304 geboren wurde, nicht das Licht der Welt erblickt haben.

Dom San Donato: Die Kathedrale am höchsten Punkt der Altstadt schmücken farbige, von dem Franzosen Guillaume de Marcillat geschaffene Glasfenster und ein Fresko von Piero della Francesca, die »Heilige Magdalena« (an der linken Wand, kurz vor dem Hauptaltar). Von der Parkanlage neben dem Dom genießt man einen schönen Blick auf die Umgebung Arezzos mit den Bergen des Apennin.

Piazza della Repubblica 28, Tel. 37 76 78, Fax 280 42.

Astoria: Via Guido Monaco 54, Tel. 243 61, Fax 243 62, günstig.
Die Möblierung des zentral gelegenen Hotels ist unschön, der Komfort aber in Ordnung. Wegen Verkehrslärms an der Straße nimmt man besser Zimmer nach hinten.

Milano: Via Madonna del Prato 83, Tel. 268 36, Fax 219 25, moderat.
Das ebenfalls zentral gelegene Haus wurde 1994 vollständig renoviert. Besonders reizvoll ist die kleine blumengeschmückte Terrasse.

Continentale: Piazza Guido Monaco 7, Tel. 202 51, Fax 35 04 85, teuer.
Gut geführtes Haus in zentraler Lage. Die Zimmer nach vorn sind trotz der Doppelfenster nicht völlig ruhig.

Einer der größten Italiens: der Antiquitätenmarkt von Arezzo

Minerva: Via Fiorentina 4, Tel. 37 03 90, Fax 30 24 15, teuer.
Großes, modernes Hotel, etwas außerhalb der Altstadt gelegen, das vorwiegend von Geschäftsleuten besucht wird. Guter Komfort.

Jugendherberge

Villa Severi: Via Francesco Rodi 13, Tel. 290 47, Fax 290 47 (etwa 2 km vom Zentrum entfernt, mit Bus Nr. 6 erreichbar).
Die Jugendherberge ist schön in einem historischen Gebäude untergebracht.

Cecco: Corso Italia 215, Tel. 209 86, Mo geschl.
Ein lebhaftes Lokal, in dem trotz gar nicht hochgestochener Atmosphäre schon viel Prominenz verkehrt hat, wie die Fotos an den Wänden zeigen.

Logge Vasari: Via Vasari 19, Tel. 258 94.
Gute Lage an der Piazza Grande, bei schönem Wetter sitzt man unter Arkaden mit Blick auf den Platz.

Il Cantuccio: Via Madonna del Prato 76, Tel. 268 30, Mi geschl.
Hier werden traditionelle toscanische Gerichte vorzüglich zubereitet. Schon das geröstete Brot mit Olivenöl (*bruschetta*) ist ein Genuß, erst recht die köstlichen *gnocchi*, das Kaninchen und das Mascarpone-Dessert.

Buca di San Francesco: Via S.Francesco 1, Tel. 232 71, Mo abends, Di geschl.
Das bekannteste Restaurant Arezzos befindet sich in einem Kellergewölbe neben der Franziskanerkirche. Verfeinerte regionale Küche, gehobenes Preisniveau.

Caffè dei Costanti: Piazza San Francesco 19.
Das 1818 gegründete traditionsreiche Café wurde geschickt im Stil der Jahrhundertwende restauriert und zeigt schöne Stuckverzierungen, große Spiegel, Fliesenboden und falschen Marmor, dazu die Büsten der großen Söhne der Stadt, wie des Dichters Petrarca und des Mönchs Guido, des Erfinders der Notenschrift.

Schon Lorenzo de' Medici badete hier: Bagno Vignoni

Arezzo ist ein Zentrum des **Antiquitätenhandels**, des **Goldschmiedehandwerks** und der Produktion von **Stilmöbeln**; die Geschäfte sind in der gesamten Altstadt verteilt.
Unbedingt lohnend ist der Besuch des **Antiquitätenmarkts**, der zu den größten Italiens zählt. Jeweils am ersten Wochenende im Monat, die Übernachtung sollte man langfristig vorher reservieren! In der Stadt findet man daneben auch elegante, relativ preisgünstige **Modegeschäfte,** vor allem am Corso Italia.

Giostra del Saracino: am ersten So im Sept., s. S. 15.

Arezzo liegt an der **Bahnstrecke** Florenz–Rom, häufige Verbindungen in beide Richtungen.
Busse fahren nach Cortona und Siena sowie in alle Orte der Provinz Arezzo.

Bagno Vignoni

Lage: F 8
Extra-Tour 5: s. S. 93
Vorwahl: 0577
Einwohner: ca. 50

Lange Zeit war Bagno Vignoni ein Geheimtip. Inzwischen ist der winzige, nur aus einem Dutzend Häusern bestehende Heilkurort bekannter geworden. Neben den Kurgästen kommen nun auch viele Touristen, um ihre Füße in die Thermalquellen zu tauchen oder das Bad des noblen Hotels Posta aufzusuchen.

Mitten im Dorf steht ein gemauertes Schwimmbecken, in dem schon Lorenzo de' Medici badete. Es ist von jahrhundertealten Palazzi umgeben. Der russische Regisseur Andrej Tarkowski drehte vor dieser Kulisse zahlreiche Szenen des Films »Nostalghia«.

Ein gutbürgerliches, angenehmes Haus direkt am historischen Schwimmbecken, gute Küche, Garten.
Posta Marcucci, Ara Urcea 43, Tel. 88 71 12, Fax 88 71 19, teuer.
Komfortables Hotel mit Thermal-Schwimmbad.

Osteria del Leone: im Ortszentrum, Tel. 88 73 00, Mo geschl.
Originelle regionale Küche, allerdings dauert es oft sehr lange, bis das Essen auf dem Tisch steht.

Tgl. ein bis zwei **Busverbindungen** nach Siena mit Umsteigen in Buonconvento.

Das **Heilwasser** von Bagno Vignoni hat an der Quelle eine Temperatur von 52 °C. Es ist leicht radioaktiv und dient vor allem der Behandlung rheumatischer und arthritischer Beschwerden. **Baden** kann man im Schwimmbad des Hotels Posta. Einheimische aus der Umgebung und Touristen begnügen sich meist mit kostenlosen **Fußbädern** in dem kleinen Bach, der den Steilabhang zum Tal des Orcia hinunterfließt.

Ein Fußweg führt in einer Dreiviertelstunde bergauf zu dem hübschen Weiler **Vignoni,** von dem man eine herrliche Aussicht über die Umgebung genießt. Wenige Kilometer entfernt liegen die Dörfer **Rocca d'Orcia** und **Castiglione d'Orcia,** beide mit alten Burgruinen.

Le Terme: Via Sorgenti 13, Tel. 88 71 50, Fax 88 74 97, günstig.

Carrara

Lage: A 3
Extra-Tour 1: s. S. 84
Vorwahl: 0585
Einwohner: ca. 66 000

Carrara lebt fast ausschließlich vom Marmor, der in den nahegelegenen Apuanischen Alpen abgebaut wird. Die Arbeiterstadt zeigt im Unterschied zu anderen toscanischen Orten kaum idyllische Winkel, sondern lebt ganz in der Gegenwart. Die Umgebung mit den bis auf 2000 m ansteigenden Berggipfeln und blendend weißen Steinbrüchen ist landschaftlich sehr reizvoll.

Den **Dom** im Stadtzentrum schmücken an der Fassade schöne romanische Skulpturen – natürlich sind sie aus dem örtlichen Marmor!
Marmormuseum (Museo del Marmo): Viale XX Settembre, Juni–Sept. 10–20, Mai, Okt.

10–17, Nov.–April 8.30–13.30 Uhr, So und feiertags geschl. (Extra-Tour 1, s. S. 85).

An der nahegelegenen Küste gibt es zwischen Marina di Carrara und Viaréggio herrliche breite Sandstrände, die wegen des seichten Wassers auch für Kinder ideal sind.

Von Carrara aus lassen sich viele interessante Ausflüge in die Apuanischen Alpen und zu den **Marmorbrüchen** unternehmen (Extra-Tour 1, s. S. 84).

Viale Galilei 133, Marina di Carrara, Tel. 63 22 18, Fax 86 90 15.

Im Stadtzentrum gibt es nur zwei Hotels:
Da Roberto: Via Apuana 3, Tel. 706 34, günstig.
Relativ einfaches Haus.
Michelangelo: Via Fratelli Rosselini 3, Tel. 77 71 61, Fax 745 45, moderat.
Schön eingerichtet.
...Marina di Carrara
Tenda Rossa: Viale Colombo 14, Marina di Carrara, Tel. 78 74 35, Fax 78 58 55, moderat.
Mediterraneo: Via Genova 24, Marina di Carrara, Tel. 78 52 22, Fax 78 52 22, teuer.
Komfortabel.
Jugendherberge
Ostello della Gioventù: Via delle Pinete 237, Tel. 78 00 34.
Die Jugendherberge befindet sich im 12 km entfernten Marina di Massa in guter Lage direkt am Strand.

Zahlreiche Campingplätze an der Küste, vor allem in Marina di Massa.

Venanzio: Piazza Palestro 3, Colonnata, 10 km von Carrara, Tel. 75 80 62, So abends, Do geschl.
Die Trattoria im Marmorarbeiter-Dorf Colonnata ist längst keine Dorfkneipe mehr; Preise und Qualität liegen weit über dem Durchschnitt. Spezialität ist der *lardo di Colonnata*, der renommierte weiße Speck des Ortes.

Carrara liegt an der **Bahnstrecke** Genua–Pisa–Rom. Direktverbindungen nach Pisa, von dort mit Umsteigen weiter nach Lucca und Florenz.

Cortona

Lage: G 7
Vorwahl: 0575
Einwohner: ca. 22 500, davon nur 3000 im historischen Zentrum

Die kleine Stadt hoch am Hang über dem Chiana-Tal hat eines der besterhaltenen mittelalterlichen Zentren der Toscana. Steile Gassen und hübsche Plätze laden zum Bummeln und Verweilen ein. Immer wieder eröffnen sich Ausblikke in die Landschaft der Umgebung. Das Etruskermuseum zeigt bemerkenswerte antike Funde.

Piazza della Repubblica: Am Hauptplatz erhebt sich der Palazzo Comunale, das Rathaus mit einer breiten Freitreppe. Hier treffen sich zu allen Tageszeiten Einheimische und Fremde.
Via Nazionale: Die von Läden gesäumte Fußgängerstraße führt von der Piazza della Repubblica zur Piazza Garibaldi mit herrlicher Fernsicht über die Südtoscana.
Etruskermuseum: Piazza Signorelli, April–Sept. 10–13,

16–19, Okt.–März 9–13, 15–17 Uhr, Mo geschl.
Die Hauptsehenswürdigkeit ist ein großer etruskischer Bronzeleuchter mit Reliefs von Musikanten aus dem 5. Jh. v. Chr. Daneben finden sich interessante ägyptische und römische Objekte sowie Bilder des in Cortona geborenen Malers Gino Severini (1883–1993).
Diözesanmuseum: Piazza del Duomo, April–Sept. 10–13, 16–19, Okt.–März 9–13, 15–17 Uhr, Mo geschl.
Es zeigt Meisterwerke toscanischer Maler u. a. von Fra Angelico und Pietro Lorenzetti.

Via Nazionale 72, Tel. 63 03 52.

Athens: Via S. Antonio 12, Tel. 63 05 08, Fax 60 44 57, günstig.
Das einfache Hotel in einem ehemaligen Klostergebäude ist vor allem bei amerikanischen Kunststudenten beliebt.
Sabrina: Via Roma 37, Tel. 63 03 97, Fax 63 03 97, moderat.
Kleines, ordentlich geführtes Haus.
San Luca: Piazza Garibaldi 2, Tel. 63 04 60, Fax 63 01 05, moderat.
Empfehlenswert sind in dem Drei-Sterne-Hotel vor allem die Zimmer mit Panoramablick.
San Michele: Via Guelfa 15, Tel. 60 43 48, Fax 63 01 47, moderat.
Komfortable, geschmackvoll eingerichtete Räume in einem zentral gelegenen Renaissance-Bau, freundlicher Service. Im Turmzimmer, einer Suite, genießt man eine fantastische Aussicht.
Jugendherberge
Ostello San Marco: Via Maffei 57, Tel. 60 13 92.
Preiswerte Unterkunft in **Klöstern:**
Istituto S. Margherita: Via C. Battisti 15, Tel. 63 03 36.
Convento Betania: Via G. Severini 50, Tel. 628 29.
Drei- bis Sechsbett-Zimmer, Terrasse mit Traumblick, kleiner Garten.

Dardano: Via Dardano 24, Tel. 60 19 44, Mi geschl.
Einfaches, charakteristisches Lokal im Zentrum.
Il Cacciatore: Via Roma 11, Tel. 63 05 52, Mi geschl.
Gutbürgerliche Küche zu zivilen Preisen.
La Fonte dei Frati: Località Case Sparse, Tel. 60 13 70, Di geschl.
Das schöne Lokal 2 km unterhalb der Stadt ist in einem alten Landhaus untergebracht; bei gutem Wetter kann man mit herrlichem Ausblick draußen speisen. Mittlere bis gehobene Preislage.

Von Cortona fahren häufig **Linienbusse** zum Bahnhof Terontola–Cortona an der Strecke Florenz–Rom. Gute Verbindungen nach Arezzo und Florenz, mit Umsteigen in Chiusi gelangt man auch nach Siena.

Fiésole

Lage: E 4
Vorwahl: 055
Einwohner: ca. 8000

Der kleine Ort am Hang über Florenz war früher eine der wichtigsten Städte der Region. Er wurde vor fast 3000 Jahren gegründet. Später diente er als eleganter Wohnort der Künstler und der Wohlhabenden. Aus der großen Vergangenheit sind in Fiésole das römische Ausgrabungsgelände und mehrere mittelalterliche Kirchen erhalten geblieben. Schön ist der Blick auf Florenz.

Dom San Romolo: Piazza Mino da Fiésole. Die Bischofskirche steht an der Stelle des einstigen römischen Forums. Von der ursprünglichen Anlage blieb die stimmungsvolle Krypta aus dem 11. Jh. erhalten; der Rest der Kirche wurde im 13. Jh. umgebaut.

Römisches Ausgrabungsgelände (Area Archeologica): Via Portigiani, April–Sept. tgl. 9–19, Okt.–März 9.30–17 Uhr, am 1. Di im Monat geschl.
Nur wenige Schritte führen von der Piazza Mino zu den Ausgrabungen. Eingebettet in die Landschaft mit Ölbäumen und Zypressen liegt das römische Theater. In den Ruinen der Thermen blieben Reste der Fußbodenheizung erhalten. Aus Etruskerzeit stammen die Bruchstücke eines Tempels und ein Teil der massiven Stadtmauer.

Sant'Alessandro: Ein kurzer, steiler Anstieg führt vom Ortszentrum zum über 1000 Jahre alten, meist verschlossenen Bau. Vom Kirchenvorplatz genießt man eines der schönsten Florenz-Panoramen.

Piazza Mino 36, Tel. 59 87 20, Fax 59 88 22.

Villa Bonelli: Via F. Poeti 1, Tel. 59 513, Fax 59 89 42, teuer.
Ruhiges, angenehmes Haus in schöner Lage, blumengeschmückte Terrasse, Panorama.

Bencistà: Via Benedetto da Maiano 4, San Domenico, Tel. 59 163, Fax 59 163, Luxus.
Ehemaliges Kloster auf halber Höhe zwischen Florenz und Fiésole, mit einem großen Garten und wunderbarer Aussicht.

Panoramico: Via Peramonda, Tel. 59 90 69, Fax 591 86.
Vorzügliche Lage, gute Ausstattung, schattig, relativ teuer.

Mario: Piazza Mino da Fiésole 9, Tel. 59 143, Di geschl.
Direkt am Hauptplatz liegt dieses ›klassische‹ Restaurant der Stadt mit typisch toscanischer Küche. Das Preisniveau ist – wie generell in Fiésole – eher gehoben.

Le Cave di Maiano: Via delle Cave 16, ca. 5 km von Fiésole. Unterhalb von Fiésole an der Straße nach Florenz der Abzweigung Maiano folgen, der Weg zum Lokal ist ausgeschildert, Tel. 59 133, Mo mittags geschl.
Ein vorzügliches Landgasthaus in der schönen Landschaft der florentinischen Hügel.

Festival Estate Fiesonale: Im Juli, s. S. 14.

Zwischen Fiésole und Florenz verkehrt der **Stadtbus Nr. 7**, die Fahrzeit beträgt knapp 30 Min.

Florenz

Lage: E 4/5
Vorwahl: 055
Einwohner: ca. 400 000

Florenz, die größte Stadt der Toscana, ist ein Kunstzentrum von Weltrang. Den Gipfel seiner Bedeutung erlangte Florenz im 15. Jh. Damals wurde die Banken- und Handelsstadt am Arno zur einflußreichsten europäischen Metropole. Hier entfalteten sich die intellektuellen und künstlerischen Strömungen der Renais-

Abends in Florenz: nicht nur der Stadtpalast wirkt so am schönsten

sance, deren Zeugnisse sich in der Stadt noch heute wie nirgendwo sonst bewundern lassen. Doch die toscanische Hauptstadt lebt nicht nur von ihrer Vergangenheit. Sie weist die Licht- und Schattenseiten einer modernen Großstadt auf: elegante Geschäfte und ein reges kulturelles Leben, gute Restaurants und gemütliche Cafés, aber auch Verkehrslärm, Luftverschmutzung und Wohnraumknappheit. Florenz ist keine bloße Idylle, sondern ein lebendiges, sich immer noch entwickelndes Zentrum.

Baptisterium: Piazza del Duomo,
Mo–Sa 13.30–18.30,
So, feiertags 8.30–12.30 Uhr.
Die achteckige Taufkirche gegenüber dem Dom wurde ab 1060 errichtet; sie zählt zu den ältesten Bauten der Stadt. Innen ist sie mit herrlichen Mosaiken aus dem 13. Jh. geschmückt. Berühmt sind die drei Bronzeportale, insbesondere die »Paradiespforte« an der Ostseite. Die Originalreliefs des Renaissance-Bildhauers Lorenzo Ghiberti befinden sich mittlerweile im Dombaumuseum (s. u.).

Boboli-Gärten (Giardino di Boboli): Piazza Pitti, Di–So im Winter 9–16.30, April/Mai/Sept. 9–18.30, Juni–Aug. 9–19 Uhr, 1. und letzter So im Monat geschl.
In der schönsten Parkanlage der Stadt befinden sich ca. 200 Statuen, außerdem Brunnen, künstliche Grotten, ein Theater und ein Aussichtscafé.

Brancacci-Kapelle (Cappella Brancacci): Piazza del Carmine, Mo, Mi–Sa 10–16.30, So, feiertags 13–16.30 Uhr, Di geschl.
Die Kapelle der Kirche Santa Maria del Carmine ist mit einem der schönsten Freskenzyklen der Frührenaissance, der Darstellung biblischer Szenen von Masolino, Lippi und Masaccio, ausgemalt.

Dom Santa Maria del Fiore:
Mo–Sa 10–17,
So, feiertags 13–17 Uhr.
Der Dom entstand ab 1296; die Kuppel, heute das Wahrzeichen

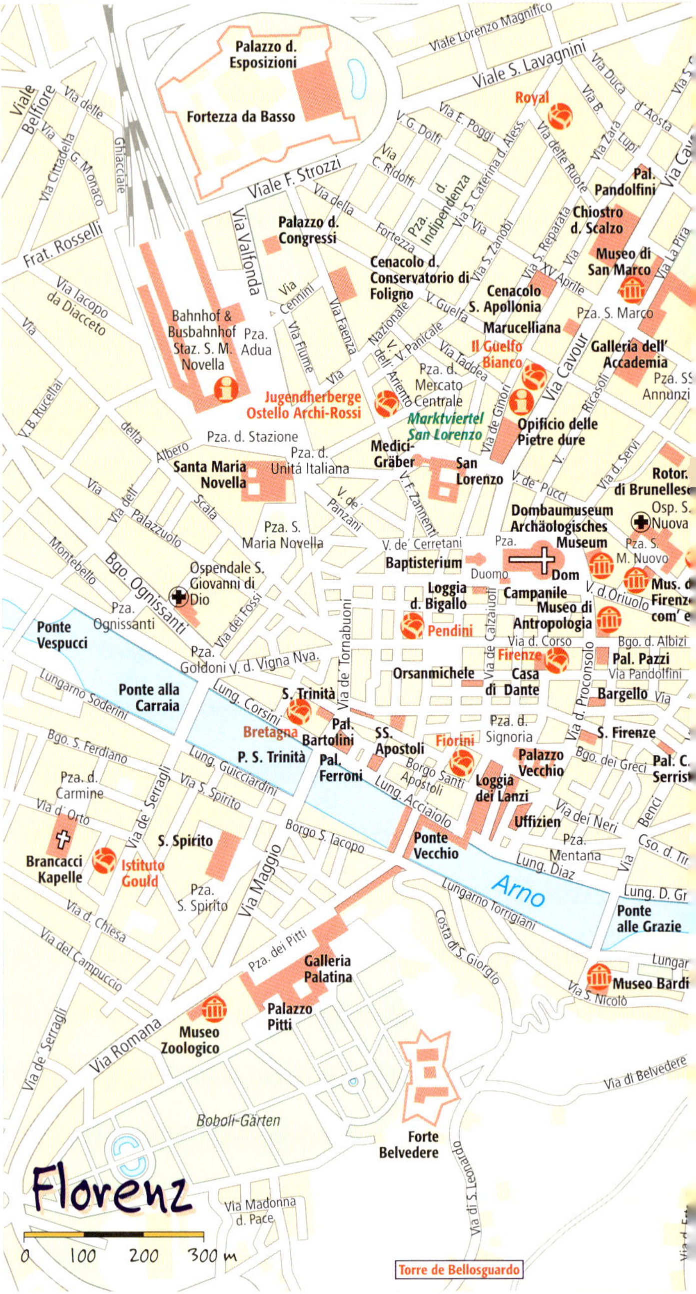
Viale Lorenzo Magnifico
Palazzo d. Esposizioni
Fortezza da Basso
Viale S. Lavagnini
Viale Belfiore
Via delle Ghiacciaie
Via Cittadella
Via G. Monaco
Viale F. Strozzi
Via Duca d'Aosta
Via B. Lupi
Via Zara
Royal
Via E. Poggi
V. G. Dolfi
Via C. Ridolfi
Via S. Caterina d. Aless.
Via delle Ruote
Pal. Pandolfini
Via della Fortezza
Palazzo d. Congressi
Via Valfonda
Frat. Rosselli
Pza. d. Indipendenza
Via S. Zanobi
Via S. Reparata
Chiostro d. Scalzo
Museo di San Marco
Via La Pira
Via XV Aprile
Cenacolo d. Conservatorio di Foligno
Cenacolo S. Apollonia
Via Iacopo da Diacceto
Via Cennini
Via Faenza
Via Nazionale
V. Guelfa
Bahnhof & Busbahnhof Staz. S. M. Novella
Pza. Adua
Via Fiume
V. Panicale
Marucelliana
Pza. S. Marco
Il Guelfo Bianco
Via Taddea
Via Cavour
Galleria dell' Accademia
Via Ricasoli
Pza. SS Annunziata
V. B. Rucellai
Jugendherberge Ostello Archi-Rossi
V. dell' Ariento
Pza. d. Mercato Centrale
Marktviertel San Lorenzo
Via de Ginori
Opificio delle Pietre dure
Via della Scala
Albero
Pza. d. Stazione
Pza. d. Unitá Italiana
Medici-Gräber
San Lorenzo
V. de' Pucci
Via d. Servi
Rotor. di Brunelleschi
Santa Maria Novella
V. de' Panzani
V. F. Zannetti
Dombaumuseum Archäologisches Museum
Osp. S. M. Nuova
Via dell' Palazzuolo
Pza. S. Maria Novella
V. de' Cerretani
Pza. Duomo
Pza. S. M. Nuovo
Montebello
Bgo. Ognissanti
Ospendale S. Giovanni di Dio
Baptisterium
Dom
Loggia d. Bigallo
Campanile
V. d. Oriuolo
Mus. di Firenze com' era
Pza. Ognissanti
Via dei Fossi
Via de' Calzaiuoli
Museo di Antropologia
Ponte Vespucci
Pendini
Via d. Corso
Bgo. d. Albizi
Pza. Goldoni
V. d. Vigna Nva.
Via de' Tornabuoni
Firenze
Pal. Pazzi
Via Pandolfini
Lungarno Soderini
Ponte alla Carraia
Orsanmichele
Casa di Dante
Via d. Proconsolo
Bargello
Via
Lung. Corsini
S. Trinità
Pza. d. Signoria
Pal. Bartolini
Bretagna
SS. Apostoli
Fiorini
S. Firenze
Bgo. S. Frediano
P. S. Trinità
Pal. Ferroni
Palazzo Vecchio
Bgo. dei Greci
Pal. C. Serristori
Lung. Guicciardini
Borgo Santi Apostoli
Loggia dei Lanzi
Pza. d. Carmine
Via S. Spirito
Lung. Acciaiolo
Uffizien
Via dei Neri
Via d' Orto
Via de' Serragli
Borgo S. Iacopo
Benci
Cso. d. Tintori
S. Spirito
Ponte Vecchio
Pza. Mentana
Brancacci Kapelle
Istituto Gould
Via Maggio
Lung. Diaz
Arno
Pza. S. Spirito
Lungarno Torrigiani
Lung. D. Grazie
Ponte alle Grazie
Via d. Chiesa
Costa di S. Giorgio
Via del Campuccio
Pza. dei Pitti
Galleria Palatina
Lungarno
Museo Bardini
Via S. Nicolò
Palazzo Pitti
Museo Zoologico
Via Romana
Via de' Serragli
Via di Belvedere
Boboli-Gärten
Forte Belvedere
Florenz
Via Madonna d. Pace
Via di S. Leonardo
0 100 200 300 m
Torre de Bellosguardo

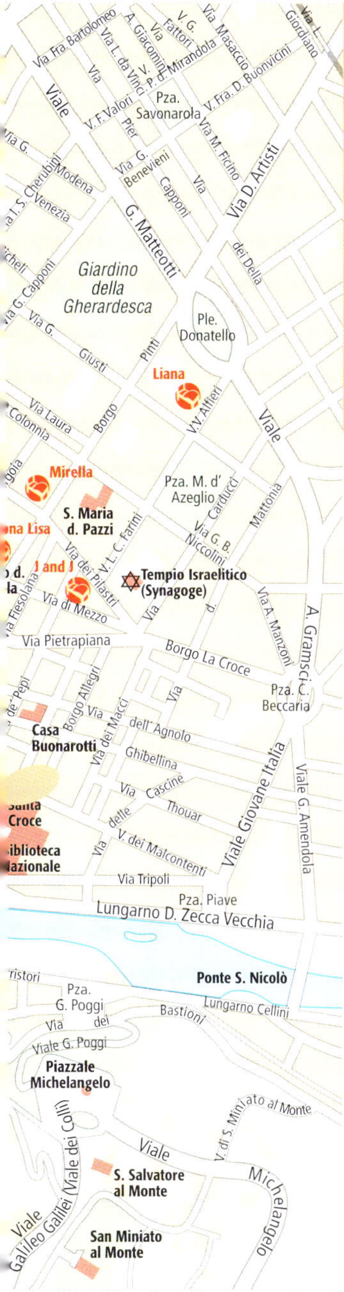

Hausnummern

In Florenz gibt es schwarze Hausnummern für Privathäuser und – separat gezählte – rote für Geschäfte und Restaurants. So kann eine Trattoria die (rote) Nummer 4 haben, das Nebengebäude dagegen die (schwarze) Nummer 24.

der Stadt, wurde erst 150 Jahre später gewölbt. Damit war der Bau noch nicht fertig: Die vielfarbige Fassade stammt aus dem 19. Jh. Der große Innenraum wirkt nüchtern und fast schmucklos.

Loggia dei Lanzi: Piazza della Signoria. Die 1374–81 errichtete Bogenhalle am Rathausplatz, nach deren Vorbild die Münchner Feldherrenhalle entstand, diente für öffentliche Zeremonien.

Marktviertel San Lorenzo: In den belebten Gassen um den Mercato Centrale, der Ende des 19. Jh. errichtet wurde, kann man in florentinisches Alltags- und Einkaufsleben eintauchen.

Medici-Gräber (Cappelle Medicee): Piazza Madonna degli Aldobrandini, Di–Sa 8.30–15.50, So, feiertags 8.30–13.50 Uhr, am 2., 4. So im Monat geschl.
Berühmt sind vor allem die Grabdenkmäler Michelangelos mit den Skulpturen der »Nacht«, des »Tages«, des »Abends« und des »Morgens«.

Orsanmichele: Via dei Calzaiuoli, tgl. 9–12, 16–18 Uh 1. und letzter Mo im Monat geschl.
Die ungewöhnlichste Kirche der Stadt diente ursprünglich als Halle

Schön, aber anstrengend: nach dem Shopping am Ponte Vecchio

für den Getreidemarkt. An den Außenwänden stehen Skulpturen vieler bedeutender Bildhauer der Renaissance. Im Innenraum fällt der Blick sofort auf das reich verzierte gotische Marmortabernakel von Andrea Orcagna (1359).

Palazzo Vecchio (Palazzo della Signoria): Piazza della Signoria, 9–19, So, feiertags 8–13 Uhr, Do geschl.

Das festungsartige Rathaus entstand um 1300, die Innenausstattung wurde großenteils im 16. Jh. geschaffen. Die Statue des »David« vor dem Bau ist eine Kopie: Michelangelos Original steht in der Galleria dell'Accademia (s. u.).

Piazzale Michelangelo: Von der Platzanlage hoch über dem Arno-Fluß hat man den schönsten Panoramablick auf Florenz. Man erreicht sie in rund 15 Min. Fahrt mit den Stadtbussen 12 oder 13 (ab Dom oder Hauptbahnhof).

Palazzo Pitti: Piazza Pitti. Der imposante Renaissance-Bau südlich des Arno diente einst den toscanischen Großherzögen als Residenz. Heute beherbergt er nicht weniger als sieben Museen (s. u.).

Ponte Vecchio: Die mittelalterliche Brücke über den Arno bietet durch die malerische Überbauung mit Wohnungen und Geschäften ein besonders reizvolles Bild. Seit 1593 dürfen nur Juweliere die Läden der Brücke nutzen.

Santa Croce: In der gotischen Franziskanerkirche befinden sich Grabmonumente für zahlreiche berühmte Italiener, u. a. für Dante, Michelangelo, Macchiavelli, Rossini. Unter den Kunstwerken sind insbesondere die Fresken von Giotto in den beiden Kapellen rechts vom Chor bemerkenswert, außerdem zwei Werke des Renaissance-Bildhauers Donatello (»Verkündigung« an der rechten Wand, Holzkruzifix im linken Querschiff).

San Lorenzo: Die Kirche wurde Mitte des 15. Jh. von Filippo Brunelleschi im Frührenaissance-Stil errichtet. Die im gleichen Stil erbaute angrenzende Alte Sakristei (Zugang vom linken Querschiffarm) ist mit verschiedenfarbigen Steinen wie Marmor, Serpentin und Porphyr ausgeschmückt.

San Miniato al Monte: Hoch über der Stadt liegt diese romanische Kirche aus dem 11. Jh. mit einem besonders harmonischen Innenraum.

Santa Maria Novella: Die Dominikanerkirche in unmittelbarer Nähe des Bahnhofs ist reich an Kunstwerken. Viele florentinische Künstler der Renaissance sind hier vertreten. Die Kanzel und das Kruzifix der linken Chorkapelle stammen von Brunelleschi, das Fresko der »Dreifaltigkeit« an der linken Wand von Masaccio. Im Chor hat Ghirlandaio Szenen aus dem Leben Marias und Johannes des Täufers gemalt, in der rechten Chorkapelle finden sich Fresken von Filippino Lippi.

Museen

Accademia (Galleria dell' Accademia): Via Ricasoli 60,
Di–Sa 8.30–19,
So, feiertags 8.30–14 Uhr.
Hier herrscht wegen des originalen »David« von Michelangelo, dessen Kopie auf dem Rathausplatz steht, meist großer Andrang.

Archäologisches Museum (Museo Archeologico): Via delle Colonne 36, Di–Sa 9–14,
So, feiertags 9–13 Uhr, 1., 3., 5. So sowie 2., 4. Mo im Monat geschl.
Ägyptische, etruskische, griechische und römische Funde.

Bargello: Via del Proconsolo 4,
Di–So 8.30–14 Uhr.
Der mittelalterliche Palazzo, in dem einst der Bürgermeister residierte, beherbergt heute eine bedeutende Sammlung von Bildhauerarbeiten, u. a. von Michelangelo, Donatello, Ghiberti.

Dombaumuseum (Museo dell' Opera del Duomo): Piazza Duomo 9, im Sommer Mo–Sa 9–18.50,
im Winter 9–18.20 Uhr,
So, feiertags geschl.
Werke aus dem Dom, z. B. die Reliefs der »Paradiespforte« des Baptisteriums (s. o.) und Arbeiten von Giotto, Michelangelo u. a.

Galleria Palatina: Piazza Pitti,
Di–Sa 8.30–19, So, feiertags 8.30–14 Uhr.
Die Galerie des Palazzo Pitti besitzt Hauptwerke von Raffael, Tizian, Rubens und Velázquez.

Kloster San Marco (Museo di San Marco): Piazza S. Marco 1,
Di–So 8.30–14 Uhr, 1., 3., 5. So sowie 2., 4. Mo im Monat geschl.
Große Sammlung von Werken des Malermönchs Fra Angelico.

Uffizien (Galleria degli Uffizi):
Loggiato degli Uffizi 6,
Di–Sa 8.30–19,
So, feiertags 8.30–14 Uhr.
Eines der berühmtesten Museen der Welt: Bilder bedeutender italienischer Maler des 14.–16. Jh. (Giotto, Botticelli, Raffael, Michelangelo u. a.), Werke von Dürer, Cranach, Rubens, Rembrandt.

Empfehlenswert ist die Fahrt nach **Fiésole** (s. S. 35f.).
Von Florenz aus läßt sich auch das **Chianti-Gebiet** gut erreichen (Extra-Tour 2, s. S. 86f.). Wenn man Florenz als Standquartier wählt, gelangt man mit öffentlichen Verkehrsmitteln in maximal 2 Std. u. a. nach San Gimignano, Siena, Prato, Pistóia, Lucca, Pisa.

Via Cavour 1, Tel. 29 08 32, Fax 267 03 83.
Hauptbahnhof: Tel. 28 28 93.
Autobahnraststätte Peretola: Tel. 421 18 00.

Mirella: Via degli Alfani 36, Tel./Fax 24 78 170, günstig.
Preiswertes, sehr ordentliches Hotel mit Zimmern ohne eigenes Bad.

Firenze: Piazza dei Donati 4,
Tel. 21 42 03, Fax 21 23 70,
günstig.
Einfach, zentral, hübscher Hof.
Istituto Gould: Via dei Serragli 49, Tel. 21 25 76, Fax 28 02 74,
günstig.
Gut geführte kirchliche Unterkunft südlich des Arno.
Bretagna: Lungarno Corsini 6,
Tel. 28 96 18, Fax 28 96 19,
moderat.
Direkt am Arno gelegen, mit Antiquitäten eingerichet. Die Zimmer mit Flußblick sind allerdings laut.
Fiorino: Via Osteria del Guanto 6, Tel. 21 05 79, Fax 21 05 80,
moderat.
Drei-Sterne-Hotel in mittelalterlichem Palazzo nahe dem Rathaus.
Liana: Via Alfieri 18,
Tel. 24 53 03, Fax 234 45 96,
moderat.
Das Hotel ist in der früheren britischen Botschaft untergebracht. Es hat eine Terrasse und einen kleinen Garten.
Il Guelfo Bianco: Via Cavour 57,
Tel. 28 83 30, Fax 29 52 03,
teuer.
Schön restaurierte Räume in einem Palazzo des 16. Jh.
Pendini: Via Strozzi 2,
Tel. 21 11 70, Fax 28 18 07, teuer.
Stilvoll eingerichtete Pension in zentraler Lage.
Royal: Via delle Ruote 52,
Tel. 48 32 87, Fax 40 09 76,
teuer.
Komfortables Haus, ruhig in einem schönen Garten gelegen.
J and J: Via di Mezzo 20,
Tel. 234 50 05, Fax 24 02 82,
Luxus.
Ruhiges Hotel in einem alten Klostergebäude. Manche Räume sind mit Fresken geschmückt.
Monna Lisa: Borgo Pinti 27,
Tel. 247 97 51, Fax 247 97 55,
Luxus.
Komfortables Haus im Zentrum, manche Zimmer sind allerdings verhältnismäßig klein.
Torre di Bellosguardo: Via Roti Michelozzi 2, 5 km südlich Florenz,
Tel. 229 81 45, Fax 22 90 08,
Luxus.
Exklusives Hotel (16 Zimmer) in herrlicher Lage, unübertrefflichem Blick auf Florenz, schöner Park.

Jugendherbergen

Ostello della Gioventù: Viale Righi 2, Tel. 60 14 51,
Fax 61 03 00.
Schöne Lage in einem Park am Stadtrand (Buslinie 17 B ab Hauptbahnhof, Fahrzeit ca. 30 Min.).
Ostello Archi-Rossi: Via Faenza 94r, Tel. 29 08 04, Fax 230 26 01.
Zentral gelegene, angenehme private Jugendherberge.

Parco Comunale: Viale Michelangelo 80,
Tel. 681 19 77, Fax 68 93 48.
Schöne, relativ zentrale Lage mit Blick auf die Stadt; oft überfüllt, recht laut. Wenig Schatten.
Villa Camerata: Viale A. Righi 2,
Tel. 60 03 15, Fax 61 03 00.
Am Stadtrand in großem Park, schattig, ruhig.
Camping in Fiésole: Panoramico, s. S. 36.

San Zanobi: Via San Zanobi 33, Tel. 47 52 86,
So geschl.
Familienbetrieb mit liebevoll zubereiteten regionalen Gerichten.
Trattoria del Pennello: Via Dante Alighieri 4, Tel. 29 48 48,
So abends, Mo geschl.
Traditionsreiches Lokal im Zentrum, das seine Ursprünge bis ins 16. Jh. zurückführt, günstig.
Gauguin: Via degli Alfani 24,
Tel. 234 06 16, Mo mittags,
So geschl.
Exzellente vegetarische Küche.

Latini: Via Palchetti 6,
Tel. 21 09 16, Mo geschl.
Klassische Trattoria, die mit den Schinken an der Decke und den Weinflaschen im Regal filmreif wirkt.

Dino: Via Ghibellina 51,
Tel. 24 14 52,
So abends, Mo geschl.
Verfeinerte toscanische Küche, gehobene Preise.

Cibreo: Via dei Macci 118,
Tel. 234 11 00, So, Mo geschl.
Kreative Küche auf sehr gutem Niveau.

La Capannina di Sante: Piazza Ravenna, Tel. 68 83 45, nur abends geöffnet, So geschl.
Ausgezeichnetes Fischrestaurant am Arno.

Cafés

Gilli: Piazza della Repubblica. Das 1733 von einem Engadiner Konditor gegründete Lokal hat die schönste Inneneinrichtung unter den florentinischen Cafés.

Piansa: Borgo Pinti 18, So geschl. In dem historischen Gemäuer gibt es Jazz und Blues, an den Wänden moderne Kunst. Erstklassiger Kaffee.

Eisdielen

Cavini: Piazza delle Cure 22 (bei Piazza della Libertà). Eine der traditionsreichen Gelaterie der Stadt.

Gelato Artigiano Nencioni: Via Pietrapiana 24. Kleine Bar mit vorzüglichem Eis.

Vivoli: Isola delle Stinche 7 (bei S.Croce). Die berühmteste Eisdiele von Florenz.

Alte Handwerkstraditionen sind in Florenz noch immer lebendig. Stoffe, Schuhe, Kleidung und Schmuck werden in hervorragender Qualität angeboten. Aber auch bei Antiquitäten ist die Auswahl groß. Die elegantesten Geschäftsstraßen liegen im Zentrum zwischen Dom und Arno-Ufer, wobei sich die Läden der großen – und teuren – italienischen Modemacher (**Armani**, **Fendi**, **Ferragomo**, **Gucci**, **Trussardi**, **Versace** u. a.) in der Via dei Tornabuoni und der Via della Vigna Nuova konzentrieren.
Die meisten **Antiquitätengeschäfte** finden sich am südlichen Arno, vor allem im Borgo San Jacopo und der Via Maggio.

Kunst auf der Piazza del Duomo

Antiquitäten und Flohmarkt

Piazza de'Ciompi, im S. Croce-Viertel, Mo geschl.

Giovanni Pratesi: Via Maggio 13, Tel. 239 65 68.
Großes Angebot an Gemälden, Skulpturen, Möbeln.

San-Lorenzo-Markt: Mo–Sa 8–19 Uhr.
Lederwaren, Kleidung und Schuhe.

Mercato delle Cascine: Am Arno-Ufer bei Ponte della Vittoria, Di vormittags gibt es einen Wochenmarkt mit großem Angebot an Kleidung.

Der **Strohmarkt** (Korbwaren, Hüte, Taschen etc.) befindet sich in der Halle des Mercato Nuovo (in der Nähe der Piazza della Repubblica).

Mode

Zu den großen Namen (s. o.) gesellen sich auch weniger bekannte oder preiswertere, z. B.

La Luna e le Stelle: Borgo San Jacopo 17, Tel. 21 46 23.

Max Mara: Via Tornabuoni 89, Tel. 21 41 33.

Beltrami: Via Tornabuoni 48, Tel. 28 77 79.
Die angesehene florentinische Firma verkauft ausgezeichnete Lederwaren.

Cellerini: Via del Sole 9, Tel. 28 25 33.
Erstklassige Ledertaschen aus eigener handwerklicher Produktion.

Raspini: Via Roma 25, Tel. 21 30 77.
Elegantes und teures Geschäft mit Designerware.

Ferragomo: Via Tornabuoni 16, Tel. 29 21 23.
Und einer der ›Großen‹: Salvatore Ferragomo, der berühmteste Schuhdesigner Italiens und Schuhmacher der Filmstars gründete dieses Geschäft.

Space Electronic: Via Palazzuolo 37, Tel. 29 30 82, tgl. 22–2.30 Uhr.
Ein klassisches Lokal der florentinischen Disko-Szene.

Andromeda: Via dei Cimatori 13, Tel. 29 20 02, So geschl.
Beliebte Diskothek in der Nähe der Piazza della Signoria.

Meccanò: Parco delle Cascine, Tel. 35 21 43, 33 13 71, 23–4 Uhr.
Diskothek in der Cascine-Parkanlage am Arno-Ufer, im Sommer lockt sie mit einer Open-Air-Diskothek.

Jaragua: Via dell 'Erta Canina 12, Tel. 234 65 43, tgl. außer Mo 21.30–3 Uhr.
Lateinamerikanische Musik.

Feste

Scoppio del Carro: Ostersonntag.

Calcio in Costume: Juni, s. S. 14.

Maggio Musicale Fiorentino: Florenzer Musikfestspiele im Mai, s. S. 14.

Innerstädtischer Verkehr

Fahrkarten für Linienbusse werden in Tabacchi-Geschäften verkauft. Nach dem Entwerten gelten sie 60–120 Min. auf dem gesamten Netz; beim Umsteigen ist nochmaliges Entwerten nicht erforderlich. Es sind auch Tages- und Wochenkarten erhältlich.

Fernverkehr

Mit dem **Flugzeug:** Der Flughafen Peretola-Leonardo da Vinci hat Direktverbindungen u. a. nach Frankfurt und München.

Mit der **Bahn:** Innerhalb der Toscana gute Verbindungen nach Prato, Pistoia, Lucca, Pisa, Livorno, Siena, Arezzo, Cortona. Direkte Züge in zahlreiche andere Städte Italiens (Rom, Neapel, Mailand, Venedig u. a.) und des Auslands (München, Zürich, Basel, Wien u. a.).

Mit dem **Bus:** Der Busbahnhof der Firma SITA liegt beim Hauptbahnhofs (Eingang von Via Caterina da Siena). Von hier aus sind u. a. Siena, San Gimignano, Volterra und die Orte des Chianti-Gebiets erreichbar. Die Firma LAZZI (Piazza Adua, an der Ostseite des Hauptbahnhofs) bedient die Gegend westlich von Florenz (darunter z. B. Prato, Montecatini, Lucca, Pisa).

Die meisten großen **Leihwagenfirmen** sind in der Stadt Florenz vertreten:

Avis: Via Borgo Ognissanti 128, Tel. 239 88 26.
Hertz: Via Maso Finiguerra 33, Tel. 239 82 05.
Europcar: Via Borgo Ognissanti 53, Tel. 236 00 72.
Maggiore: Via Maso Finiguera 31, Tel. 29 45 78.
Radverleih
Rent a bike: Via della Scala 12, Tel. 26 40 35.

Greve in Chianti

Lage: E 5/6
Extra–Tour 2: s. S. 87
Vorwahl: 055
Einwohner: ca. 10 000

Viele Besucher machen in Greve, dem größten Ort im Chianti-Gebiet, lediglich einen kurzen Halt. Doch der Marktflecken eignet sich gut als Ausgangspunkt für Ausflüge und Rundtouren in die Umgebung.

Piazza Giovanni da Verrazzano: Die Piazza ist der Mittelpunkt des Ortes, an dem sich Einheimische und Fremde treffen. Unter den hübschen Arkaden finden sich nette Cafés und Läden, auf dem Platz steht das Denkmal des einheimischen Seefahrers Da Verrazzano, der als erster Europäer in die Hudson Bay segelte, an der später New York entstand.

Südlich von Greve gelangt man in die Bilderbuchlandschaft der sanften Hügel, Weinberge und Zypressenreihen. Bei **Panzano**, **Radda** und **Castellina in Chianti** präsentiert sich das Land so ästhetisch wie auf Postkarten und in Bildbänden (Extra-Tour 2, s. S. 86f.).

Giovanni da Verrazzano: Piazza Matteotti 28, Tel. 85 31 89, Fax 85 36 48, moderat.
Angenehmer Gasthof direkt an der zentralen Piazza. Ausgezeichnetes Frühstück.
Del Chianti: Piazza Matteotti 86, Tel. 85 37 63, Fax 85 37 64, moderat.
Ebenfalls zentra gelegenl, von jungen Leuten geführt, mit Swimming-Pool.
... in der Umgebung
Da Omero: Via G.Falcone 68, Passo dei Pecorai, 5 km n ördlich von Greve, Tel. 85 07 16, Fax 85 07 16, moderat.
Korrekte Zimmer, empfehlenswertes Restaurant. Das preisgünstigste Hotel der Gegend.
Il Colombaio: Via Chiantigiana 29, Castellina in Chianti, Tel. 0577/74 04 44, Fax 0577/74 04 44, moderat.
Gut geführtes Hotel am Ortsrand von Castellina.
Palazzo Squarcialupi: Via Ferruccio 22, Castellina in Chianti, Tel. 0577/74 11 86, Fax 0577/74 03 86, teuer.
Neues, stilvoll eingerichtetes Hotel in einem alten Palazzo im Zentrum von Castellina.
Relais Fattoria Vignale: Via Pianigiani 8, Radda in Chianti, 20 km südöstlich von Greve, Tel. 0577/73 83 00, Fax 0577/73 85 92, Luxus.
Im mittelalterlichen Dorf Radda bietet dieses Herrenhaus aus dem 18. Jh. eine stilvolle Unterkunft mit wunderbarer Aussicht. Es liegt in einem Garten mit Schwimmbad.
Private Ferienwohnungen findet man u. a. über Promochianti, Via Roma 137, 500 28 Tavarnelle Val di Pesa, Tel. 055/807 70 09, Fax 805 01 04.

Jugendherberge
Ostello del Chianti: Via Roma 137, Tavarnelle Val di Pesa, Tel. 807 70 09, Fax 805 01 04.
Die angenehme Jugendherberge liegt 30 km südlich von Florenz.

Giovanni da Verrazzano: Piazza Matteotti 28, Tel. 85 31 89, So abends, Mo geschl.
Man sitzt angenehm auf der blumengeschmückten Terrasse und speist ausgezeichnete toscanische Gerichte.

... in der Umgebung
Da Omero: Via G. Falcone 68, Passo dei Pecorai, 5 km nördlich von Greve, Tel. 85 07 16, Mi geschl.
Regionale Küche zu günstigen Preisen. Vorzüglich sind z. B. die in Öl eingelegten Gemüse (*sottoli misti)* und die Fleischgerichte.
Pestello: Località S. Antonio al Ponte, Castellina in Chianti, Tel. 0577/74 02 15, Mi geschl.
Gemütliche Trattoria an der Straße von Castellina nach Poggibonsi, traditionelle toscanische Küche.
Montagliari: Strada Chiantigiana, Panzano, 3 km südlich von Greve, Tel. 85 20 14, Mo geschl.
Ein ›klassischer‹ Tip: In diesem Landgasthof geht auch Prinz Charles Essen, wenn er ins Chianti-Gebiet kommt. Freundliche Bedienung und hervorragendes Essen, gute Weine vom eigenen Gut.

Die **Enoteca del Gallo Nero** an der Piazza Matteotti bietet zwar eine Riesenauswahl an Chianti-Weinen, jedoch leider keine Möglichkeit zum Probieren
Überall in der Umgebung von Greve findet man aber **Weingüter**, die Besuchern offenstehen.

Busse zwischen Greve und Florenz verkehren etwa stündlich; die Fahrzeit beträgt ca. 60 Min.

Grosseto

Lage: E 9
Extra-Tour 4: s. S. 90
Vorwahl: 0564
Einwohner: ca. 70 000

Grosseto ist für Urlaubsreisende nicht sonderlich aufregend. Die ruhige Provinzhauptstadt hat zwar einige hübsche Plätze und Gassen, doch ist die einsame und weite Umgebung interessanter als der Ort selbst.

Piazza Dante: Am Hauptplatz im Stadtzentrum steht der **Palazzo della Provincia,** eine Mittelalter-Imitation aus dem 19. Jh. Auch der **Dom** hat nur noch wenige alte Bauteile, die Fassade stammt von 1845.
Stadtmauern: Grosseto ist vollständig vom Stadtwall des 16. Jh. umgeben; auf den massiven Mauern kann man spazierengehen.

Gute Sandstrände finden sich u. a. in dem 25 km westlich gelegenen Badeort **Castiglione della Pescaia.** Weitere 10 km westlich liegt die noble Ufersiedlung **Punta Ala**, ebenfalls mit schönem Strand.

In der näheren Umgebung der Stadt ist vor allem der **Maremmen-Nationalpark** interessant (s. S. 90 f.).
Das dünn besiedelte Gebiet zwischen **Grosseto** und dem **Bolsena-See** und die Landschaft der **Colline Metallifere** um Roccastrada, 30 km nördlich Grosseto,

bieten sich für Entdeckungsreisen abseits der bekannten Routen an.

Viale Monterosa 206, Tel. 45 45 10, Fax 45 46 06.

Leon d'Oro: Via S. Martino 46, Tel. 221 28, Fax 225 78, moderat.
Korrektes, ordentlich geführtes Haus in der Nähe des Doms.
Bastiani Grand Hotel: Piazza Gioberti 64, Tel. 200 47, Fax 293 21, Luxus.
Vornehmes Hotel in einem Barockpalais, vorzüglicher Komfort, angenehme Einrichtung.
... in Castiglione della Pescaia
Miramare: Via Veneto 35, Tel. 93 35 24, Fax 93 30 68, moderat.
Angenehmes Haus in Strandnähe mit guter Küche.
L'Approdo: Ponte Giorgini 29, Castiglione della Pescaia, Tel. 93 34 66, Fax 93 30 86, teuer. Mit gutem Komfort.

Zahlreiche Campingplätze an der Küste. Empfehlenswerte Anlagen sind z. B.
Maremma Sans Souci: Casa Mora (bei Castiglione della Pescaia), Tel. 93 37 65, Fax 93 57 39.
Punta Ala Camping: Punta Ala, Tel. 92 22 94, Fax 92 03 79.
Komfortabler, aber teurer Platz.

Canapone: Piazza Dante, Tel. 24546, So geschl.
Gutbürgerliches Lokal mit traditioneller Küche.
La Locanda: Via Vinzaglio 11, Tel. 222 39, So geschl.
Kreative Küche, mittlere Preise.
... in der Umgebung
Il Terzo Cerchio: Piazza Castello 2, Istia d'Ombrone, Tel. 40 92 35, Mo geschl.

Schulkinder bringen Farbe in den Ort Grosseto

Das angenehme Lokal, 6 km östlich von Grosseto, serviert preiswert ein vielgängiges Menü mit immer neuen Überraschungen.
Da Nada: Via Trento 13, Roccatederighi, Tel. 56 72 26, im Winterhalbjahr Do geschl.
Ein kleines Restaurant, 30 km nördlich von Grosseto, mit vorzüglicher Küche.

Do vormittags Wochenmarkt auf der **Piazza del Mercato:** U. a. werden hier Schafskäse (*pecorino*) und Wildschwein-Spezialitäten feilgeboten.
Enoteca Porrini: Corso della Libertà 9, Castiglione della Pescaia, Tel. 93 36 06.
Rekord-Auswahl von insgesamt mehr als 100 Grappe.

Grosseto liegt an der **Bahnstrecke** Pisa–Rom.
Gute Verbindungen entlang der gesamten Küste, u. a. nach Livorno, Pisa, Viaréggio. Eine Neben-

linie führt nach Siena und von dort weiter nach Florenz.
Busverbindungen in alle Orte der Provinz Grosseto.

Livorno

Lage: B 6
Vorwahl: 0586
Einwohner: ca. 167 000

Die zweitgrößte Stadt der Toscana hat einen bedeutenden Hafen und viel Industrie (Chemie, Eisen, Werften), ist aber keine Touristenattraktion. Das historische Zentrum von Livorno wurde zum größten Teil im Zweiten Weltkrieg zerstört.

Fortezza Vecchia im Hafengelände und **Fortezza Nuova**, bei der Piazza della Repubblica: Die beiden im 16. Jh. errichteten Festungsanlagen zur Sicherung des Hafens waren ursprünglich miteinander verbunden.
Dom: Piazza Grande, nach der Zerstörung im Zweiten Weltkrieg in barocken Formen wieder aufgebaut.
Acquario Comunale: Piazza Mascagni, März–Sept. 9.30–12.30, 16–19, Okt.–Febr. 15–18 Uhr.
Hier sind Meerwasserpflanzen und -tiere zu besichtigen.

Landschaftlich interessant ist die Felsküste südlich von Livorno mit dem Badeort **Castiglioncello**. Allerdings gibt es hier meist nur kleine Badebuchten, in denen man den Lärm von der oberhalb entlangführenden Straße hört.
Breite Sandstrände finden sich rund 30 km südlich ab **Marina di Cécina.**

Piazza Cavour 6,
Tel. 89 81 11, Fax 86 91 73.

Giardino: Piazza Mazzini 85, Tel./Fax 80 63 30, günstig.
Ruhig in guter Lage in Meernähe.
Touring: Via Goldoni 61, Tel. 89 80 35, Fax 89 92 07, moderat.
Korrektes, vorwiegend von Geschäftsleuten frequentiertes Haus im Zentrum.
Universal: Viale Antignano 4, Tel. 50 03 27, Fax 50 03 27, moderat bis teuer.
Großes altmodisches, schön gelegenes Haus in der südlichen Vorstadt Antignano, etwa 5 km vom Zentrum.
Gran Duca: Piazza Micheli 16, Tel. 89 10 24, Fax 89 11 53, teuer.
Im historischen Gemäuer der Medici-Festung, komfortabel.
Gran Hotel Palazzo: Viale Italia 195/197, Tel. 80 53 71, Fax 80 32 06, Luxus.
Das Nobelhotel der Stadt liegt etwa 1,5 km vom Zentrum entfernt in Meernähe.

Cantina Nardi: Via Cambini 6, Tel. 80 80 06, So geschl., nur bis 20 Uhr geöffnet.
Zum Mittagessen ein kleines Angebot vorzüglicher Gerichte, nachmittags bekommt man belegte Brote und Wein.
Enoteca Doc: Via Goldoni 40, Tel. 88 75 83, nur abends geöffnet, Mo geschl.
In erster Linie ein Weinlokal mit hervorragender Auswahl. Man kann hier aber auch speisen.

Livorno liegt an der **Bahnstrecke** Genua–Pisa–Rom. Gute Verbindungen in alle Orte an der Küste, auch direkte

Zwischen Tradition und Tourismus: Fischer in Livorno

Züge nach Florenz. **Busverbindungen** in alle Orte der Provinz Livorno sowie nach Pisa.

Lucca

Lage: B 4
Vorwahl: 0583
Einwohner: ca. 85 000

Von einem großen Stadtwall nach außen abgeschirmt, entfaltet sich im historischen Zentrum Luccas das ruhige Leben einer toscanischen Provinzstadt. Gemütliche Fußgängerstraßen laden zum Bummeln ein, in Cafés und Trattorien treffen sich Einheimische und Touristen, schöne Geschäfte zeigen ihre Waren. Die Altstadt ist hervorragend erhalten und bietet viele Sehenswürdigkeiten, darunter mehrere große romanische Kirchen.

Stadtmauern: Lucca ist noch vollständig von den im 16. Jh. errichteten Wallanlagen umgeben. Auf den rund 4 km langen, etwa 12 m hohen Mauern zieht sich eine Fußgängerstraße um das historische Zentrum, von der aus man einen schönen Blick auf Stadt und Landschaft genießt.

Piazza San Michele: Dieser Mittelpunkt des städtischen Lebens befindet sich an der Stelle des früheren römischen Forums. An der Südseite steht das **Rathaus Palazzo Pretorio**, gegenüber die Kirche **San Michele in Foro** mit einer fein dekorierten romanischen Fassade.

Piazza del Anfiteatro: Der hübsche kleine Platz nimmt den Raum des einstigen Amphitheaters der Römer ein und weist noch dessen ovale Form auf. Von dem antiken Bau blieben einige Arkaden erhalten.

Via Fillungo: An der Hauptstraße des Zentrums stehen zahlreiche historische Gebäude und hübsche, z. T. angenehm altmodische Geschäfte. Im Caffè Di Simo (Nr. 58, s. S. 51) kehrten viele berühmte Künstler ein.

Dom San Martino: Der große Bau aus dem 12./13. Jh. hat eine reich geschmückte Fassade. Im Innenraum wird der Volto Santo aufbewahrt, ein hölzernes Kruzifix, das angeblich mit Hilfe eines Engels geschnitzt wurde.

San Frediano: Die dritte der großen romanischen Kirchen Luccas. Ein interessantes Mosaik auf Goldgrund schmückt ihre Fassade, und im schönen Innenraum der Kirche stehen römische Säulen vom nahegelegenen römischen Amphitheater.

Museen

Museo Nazionale Guinigi:
Via della Quarquonia,
Di–So 9–14 Uhr.
Etruskische und römische Funde, mittelalterliche Skulpturen und Gemälde aus Mittelalter und Renaissance.

In Collodi (17 km nordöstlich) ist der beliebte **Pinocchio-Park** für Kinder sehr interessant. Er zeigt Skulpturen aus der Pinocchio-Geschichte (8.30 Uhr bis Sonnenuntergang). Nebenan liegt die **Villa Garzoni** in einer prächtigen Gartenanlage (im Sommer 9 Uhr bis Sonnenuntergang, im Winter besser mit Voranmeldung: Tel. 0572/ 42 91 31).

Piazza Guidiccioni 2,
Tel./Fax 41 96 89.

Diana: Via del Molineto 11, Tel. 49 22 02, Fax 477 95, günstig.
Einfaches Hotel in Domnähe.
Piccolo Puccini: Via di Poggio 9, Tel. 554 21, Fax 534 87, moderat.
Gut geführtes Haus in hübscher zentraler Lage; manche Zimmer mit Blick auf die Fassade von San Michele.
Hambros: Via Pesciatina 197, Lunata, 6 km vom Zentrum entfernt Richtung Pistoia, Tel. 93 53 55, Fax 93 53 56, moderat.
Eine renovierte Villa aus dem 19. Jh. mit Garten. Die Zimmer nach vorn haben die schönere Aussicht.
La Luna: Corte Compagni 12, Tel. 49 36 34, Fax 49 00 21, teuer.
Das komfortabelste Hotel in der Altstadt.
Villa La Principessa: Via del Brennero, Massa Pisana, Tel. 37 00 37, Fax 37 91 36, Luxus.
Schönes Nobelhotel in einer alten Villa, von einem Park umgeben, Schwimmbad.

Jugendherberge

Ostello Il Serchio: Viale Brennero 673, Tel./Fax 34 18 11.

Da Leo: Via Tegrini 1, Tel. 49 22 36, So geschl.
Beliebte Trattoria mit solider örtlicher Küche.
Buatino: Via Borgo Giannotti 503, Tel. 34 32 07, So geschl.
Trattoria mit typischen Speisen aus Lucca wie der Dinkelsuppe (*zuppa di farro*).
Giulio in Pelleria: Via delle Conce 45, Tel. 559 48, So, Mo geschl.
Ein gemütliches, bekanntes Lokal, das sowohl von Einheimischen als auch von Auswärtigen gern besucht wird. Nicht selten stehen abends die Gäste vor dem Eingang Schlange.
Francesco: Corte Portici 14, Tel. 41 80 49, Mo geschl.
Hier kann man an lauen Abenden im Freien essen.
Buca di Sant'Antonio: Via della Cervia 1, Tel. 558 81, So abends, Mo geschl.
Elegantes Restaurant mit feiner regionaler Küche.
Caffè Di Simo: Via Fillungo 58.
In dem einstigen Künstler-Treffpunkt verkehrten u. a. der Komponist Giacomo Puccini und die Dichter Salvatore Quasimodo und Giuseppe Ungaretti. Zwar wurde es renoviert, doch blieben erfreulicherweise Teile der Jugendstil-Einrichtung erhalten.

Am dritten Wochenende jeden Monats findet auf dem Domplatz und in den angrenzenden Gassen ein großer **Antiquitäten-** und **Flohmarkt** statt – einer der schönsen der Toscana.

Prozession des Volto Santo, 13. Sept. **Palio di S. Croce,** 14. Sept., s. S. 15.

Busse und Bahnen nach Pisa, Viaréggio, Montecatini, Pistoia, Prato, Florenz. Busse in alle Orte der Provinz Lucca.
Fahrradverleih: Casermetta S. Donato, Piazzale Verdi, Tel. 49 12 43.

Massa Marittima

Lage: D 8
Vorwahl: 0566
Einwohner: ca. 10 500

Die alte Bergbaustadt liegt in einsamer Landschaft am Rand der Colline Metallifere, der Metall-Hügel. Seit der Etruskerzeit wurden in der Umgebung Kupfer und Silber abgebaut; 1985 hat man die letzte Zeche geschlossen.

Piazza Garibaldi: Seine unregelmäßige Anlage und die angrenzenden mittelalterlichen Gebäude – die Rathäuser **Palazzo Pretorio** und **Palazzo Comunale** aus dem 13. Jh. – machen den Hauptplatz reizvoll.
Die Bogenhalle **Logge del Comune** stammt aus dem 19. Jh., wurde aber geschickt im Stil des Mittelalters errichtet.
Dom: Ebenfalls an der Piazza Garibaldi. Die Fassade mit ihren fein gearbeiteten Bögen, Säulen und Skulpturen wirkt fast wie ein Gewebe aus Stein. Im Innenraum befinden sich links vom Haupteingang Reliefs aus romanischer Zeit, rechts der mit Bildhauerarbeiten geschmückte Taufbrunnen. Sein unterer Teil entstand um 1300, der obere ca. 150 Jahre später.
Via della Libertà: Die Hauptgasse des historischen Zentrums führt zur Piazza Cavour, dem ehemaligen Wohngebiet der Handwerker und Arbeiter.
Fortezza Senese: Piazza Matteotti. Die Ruinen der von den Sienesen errichteten Burg beherrschen die Oberstadt.

Museen

Museo della Miniera: Via Corridoni. Wegen Renovierung z. Zt. geschl., Wiedereröffnung für 1998 geplant. Voraussichtlich geöffnet Di–So 10–12.30, 15.30–17.30 Uhr (im Sommer bis 19 Uhr). Nähere Informationen unter Tel. 90 22 89.
Das Bergbaumuseum befindet sich in einem früheren Bergwerksschacht am Rand der Altstadt. Auf geführten Rundgängen sieht man Werkzeuge, Maschinen und eine Mineraliensammlung mit den typischen Gesteinsarten der Gegend.

Der ehemalige Radrennfahrer Ernst Hutmacher aus der Schweiz, der sich in hier niedergelassen hat, verleiht Räder für Ausflüge in die Umgebung (auch Routenvorschläge):
Podere Massa Vecchia:
(unterhalb des Ortszentrums, Zufahrt von der Umgehungsstraße Follónica–Siena)
Tel. 90 38 85, Fax 90 18 38.

Via Norma Parenti 22
Tel. 90 27 56.

Cris: Via degli Albizzeschi 8, Tel. 90 38 30, Fax 94 02 61, günstig.

Massa Marittima: bis 1985 wurde hier Bergbau betrieben

Einfache, ordentliche Zimmer ohne eigenes Bad.
Il Girifalco: Via Massetana Nord 25, Tel. 90 21 77, Fax 90 21 77, günstig.
Etwas außerhalb der Altstadt. Aus den hinteren Zimmern blickt man übers Land.
Il Sole, Corso della Libertà 43, Tel. 90 19 71, Fax 90 19 59, moderat.
Das komfortabelste Haus in Massa Marittima.

Cris, Via degli Albizzeschi 8, Tel. 90 38 30, Sa geschl.
Freundliches Ambiente, preiswerte Hausmacherküche von guter Qualität.
Da Tronca: Vicolo Porte 5, 2 km außerhalb des Ortszentrums in Richtung Siena, Tel. 90 19 91, nur abends geöffnet, Mi geschl.
Gute Weinkarte und regionale Küche.
Braccali: Località Ghirlanda, 2 km außerhalb des Ortszentrums in Richtung Siena, Tel. 90 23 18, Di geschl.
Hervorragende feine Küche in entspannter Atmosphäre, freundlicher Service, gehobene Preise.

Balestro del Girifalco am ersten So nach dem 20. Mai und am zweiten So im Aug., s. S. 14.

Häufig **Busse** nach Grosseto und Siena.

Montalcino

Lage: F 8
Vorwahl: 0577
Einwohner: ca. 6000

Die mittelalterliche Kleinstadt in herrlicher Panoramalage ist vor allem durch den Brunello bekannt geworden, einen der teuersten italienischen Rotweine. Bedeutende Sehenswürdigkeiten hat der Ort zwar nicht, doch in der gemütlichen Altstadt läßt sich gut bummeln und in den Restaurants einkehren.

Piazza del Popolo: Am kleinen Hauptplatz stehen das Rathaus **Palazzo Comunale** und die historische Weinstube **Fiaschetteria – Cantina del Brunello**. Sie wurde 1880 gegründet und hat mit ihren Spiegeln und roten Plüschsitzen den Charme der Jahrhundertwende bewahrt.
Fortezza: Die Festung am oberen Rand der Altstadt beherbergt heute eine Enoteca, in der man den Brunello probieren und kaufen kann.
San Francesco: Vom Platz vor dieser Kirche hat man den schönsten Blick auf die Altstadt.

10 km südlich von Montalcino liegt bei dem Dorf Castelnuovo dell'Abate die sehenswerte romanische Klosterkirche **Sant'Antimo** (Mo–Sa 10.30–12.30, 15–18.30, So, feiertags 9.30–10.30, 15–18 Uhr).

Rathaus, Costa del Municipio 8, Tel. 84 93 31.

Giardino: Via Cavour 4, Tel. 84 82 57, günstig.
Einfache Unterkunft im Zentrum.
Il Giglio: Via Soccorso Saloni 5, Tel. 84 81 67, Fax 84 81 67, moderat.
Kleines Altstadthotel. Die Zimmer zur Rückseite haben eine wunderbare Aussicht.
Dei Capitani: Via Lapini 6, Tel. 84 72 27, Fax 84 72 38, moderat.
Schönes Hotel in einem historischen Palazzo, viele Zimmer mit herrlicher Aussicht.

Giardino da Alberto: Piazza Cavour 1, Tel. 84 90 76, Mi geschl.
Trattoria mit guter regionaler Küche.

... in der Umgebung
Il Pozzo: S. Angelo in Colle, 10 km in Richtung Südwesten (Grosseto), Tel. 86 40 15, Di geschl.
Gutes ländliches Lokal in dem Dorf Sant'Angelo.
Café
Fiaschetteria Cantina del Brunello: Piazza del Popolo 6.
Das historische Café Montalcinos, mit schöner Einrichtung und der Möglichkeit, den Brunello-Wein glasweise zu probieren.

Zahlreiche Geschäfte bieten den Brunello an; die größte Auswahl hat die **Enoteca della Fortezza** in der Burg.

In der zweiten Juli-Hälfte die Theaterfestspiele **Festival dell'Attore**, s. S. 15. Am letzten Oktober-Wochenende die **Sagra del Tordo**, s. S. 15.

Gute Verbindungen nach Siena.

Monte Oliveto Maggiore

Lage: F 7
Geöffnet: Tgl. 9.15–12, 15.15– 17, im Sommer 15.15–18 Uhr.

Das Benediktinerkloster liegt einsam in der durch die Erosion ausgewaschenen Landschaft der Crete Senesi. Ein Juraprofessor aus Siena, der sich aus dem weltlichen Leben hierher zurückzog, gründete es 1313. Im 15. und 16. Jh. war es eine der bedeutendsten Abteien Italiens. Die Renaissance-Maler Luca Signorelli und Sodoma malten den Kreuzgang mit Szenen aus dem Leben des hl. Benedikt aus. Die alte Bibliothek (40 000 Bände) ist von außen einsehbar.

Am Eingang zum Klosterbezirk befindet sich das angenehme Restaurant **La Torre**, Tel. 70 70 22, Di geschl.

Von Siena bis Buonconvento oder Asciano, ab dort ausgeschilderte Straße nach Monte Oliveto/Chiusure.

Montepulciano

Lage: G 8
Extra-Tour 5: s. S. 92f.
Vorwahl: 0578
Einwohner: ca. 14 000

Eine atmosphärisch angenehme, auf einem Hügelrücken gelegene Kleinstadt mit vielen Renaissance-Bauten. In der Umgebung gedeiht der Vino Nobile, der ›edle Wein‹ von Montepulciano.

Palazzo Comunale: Turm Mo–Sa 8–13.30 Uhr.
Das Rathaus an der Piazza Grande zeigt typische Renaissance-Formen. Unbedingt auf den Turm steigen. Zwar führt eine enge Treppe mit wenig stabilem Geländer hinauf, doch die herrliche Aussicht lohnt die Anstrengung.
Dom: Ebenfalls ein Renaissance-Bau an der Piazza Grande. Die Fassade blieb unvollendet. Auf dem Hauptaltar steht ein farbenfrohes Bild der Himmelfahrt Mariä, ein Werk des sienesischen Malers Taddeo di Bartolo (um 1400).
Stadttor Porta al Prato: Vom Platz vor dem guterhaltenen Tor aus dem 16. Jh. genießt man einen schönen Blick auf die Altstadt.
Via Roma: Zusammen mit der Verlängerung, der Via Cavour, die Hauptachse des alten Ortskerns. Vornehme Palazzi säumen sie. Die **Kirche S. Agostino**, ebenfalls an der Via Roma, zeigt eine schöne Fassade aus dem 15. Jh.
San Biagio: Etwas unterhalb der Altstadt (Abzweigung von der Straße nach Pienza) steht die weithin sichtbare Kirche, ein Zentralbau, den eine Kuppel krönt.

Gute Mountain-Bikes für Touren in der reizvollen Umgebung verleiht:
Rental Bike: Via dell'Opio nel Corso 18, Tel. 71 63 92, Fax 71 63 92.
Die Inhaber Marco und Giuliana Tornaghi sprechen Englisch. Man erhält hier auch Routenvorschläge.

Via Ricci 9, Tel. 75 86 87.

La Terrazza: Via Piè al Sasso 16, Tel. 75 74 40, Fax 75 74 40, günstig.
Kleiner Garten, Terrasse mit Blick über die Dächer der Stadt, einige sehr geräumige Zimmer.
Il Marzocco: Piazza Savonarola 18, Tel. 75 72 62, Fax 75 75 30, moderat.
Korrektes Drei-Sterne-Hotel in der Altstadt.
Duomo: Via S. Donato 14, Tel. 75 74 73, Fax 75 74 73, moderat.
Die Möblierung ist zwar ausgesprochen nüchtern, aber das Haus liegt zentral und ist ordentlich geführt.
Granducato: Via delle Lettere 62, Tel. 75 85 97, Fax 75 86 10, moderat.
Neues komfortables Hotel etwas unterhalb der Altstadt.

Zahlreiche **Weinkeller** (*cantine*) laden zum Probieren des Vino Nobile ein. Einer der größten ist die **Cantina Contucci** an der Piazza Grande mit riesigen unterirdischen Kellergängen, die man besichtigen kann.

Diva e Maceo: Via di Gracciano nel Corso 92, Tel. 71 69 51, Di geschl.
Trattoria im Zentrum mit traditionellen Gerichten, z. B. Tagliatelle in Entenfleisch-Sauce (*al sugo d'anatra*) oder gefülltem Täubchen (*piccione ripieno*).

La Grotta: Località S. Biagio, Tel. 75 76 07, Mi geschl.
Lokal mit Garten unterhalb der Altstadt bei der Kirche S. Biagio.

Caffé Poliziano: Via di Voltaia nel Corso 27.
Das 1868 gegründete Café wurde 1992 gut im alten Stil renoviert. Herrliche Aussicht übers Land; hier fühlte sich auch Federico Fellini wohl.

Festspiele neuer Musik, **Cantiere Internazionale dell'Arte,** im Juli/Aug. Am 15. Aug. das Kostümfest **Bruscello**. Am letzten So im Aug. **Bravio delle Botti** (s. S. 15).

Häufige **Busverbindungen** zum Bahnhof Chiusi an der Hauptstrecke Florenz–Rom. Busse auch nach Pienza und Siena.

Pienza

Lage: F 8
Extra-Tour 5: s. S. 93
Vorwahl: 0578
Einwohner: ca. 3000

In der Hügellandschaft der Crete liegt Pienza, ein Ort mit ungewöhnlicher Geschichte. Papst Pius II., der hier 1405 geboren wurde, wollte sein Heimatdorf zu einer Idealstadt der Renaissance ausbauen. Zwar konnte er das Projekt nicht verwirklichen, doch erhielt Pienza durch diesen Wunschtraum einige bemerkenswerte Repräsentativbauten. Darüber hinaus ist Pienza auch in kulinarischer Hinsicht berühmt geworden. Im Ort und seiner Umgebung wird der vorzügliche Schafskäse *Pecorino di Pienza* hergestellt.

Alle wichtigen Gebäude stammen aus dem 15. Jh. und liegen an der zentralen Piazza Pio II.

Dom: Er birgt eine Reihe sehenswerter Heiligenbilder sienesischer Maler. Die Kirche senkt sich zum Chor hin, da der Erdboden an der Talseite nachgegeben hat.

Palazzo Piccolomini: Den Familienpalast Papstes Pius' II. erbaute der florentinische Architekt Rossellino. Der Palast hat einen reizvollen Innenhof. Die Räume stehen zur Besichtigung offen.

Rathaus und **Bischofspalast:** Die beiden Renaissance-Gebäude flankieren den Platz an der Nord- und Ostseite.

Via del Casello: Von diesem Weg oberhalb der Stadtmauer (Beginn links von der Kathedrale) überblickt man die harmonische Landschaft der südlichen Toscana bis zum vulkanischen Bergmassiv des Monte Amiata.

Piazza Pio II, Tel. 74 90 71.

Il Falco: Piazza Dante Alighieri 7, Tel. 74 85 51, günstig.
Das Restaurant etwas außerhalb des historischen Ortskerns vermietet einige Zimmer.

Corsignano: Via della Madonnina 11, Tel. 74 85 01, Fax 74 81 66, moderat.
Neubau am Ortsrand mit korrekten Zimmern.
Il Chiostro di Pienza: Corso Rossellino 26, Tel. 74 84 00, Fax 74 84 40, teuer.
Vorzügliches Hotel in einem renovierten Kloster in der Altstadt. Aus vielen Zimmern schöne Aussicht auf die Landschaft und die Dächer von Pienza.

Il Prato: Piazza Dante 25, Tel. 74 86 01, Mi geschl.
Ordentliche Trattoria im Zentrum.
La Buca delle Fate: Corso Rossellino 38, Tel. 74 82 72, Mo geschl.
Das Lokal ist gemütlich in den steingewölbten Räumen eines ehemaligen Pferdestalls untergebracht. Gute Küche zu zivilen Preise.

Pienza ist ein kulinarisches Einkaufsparadies. Entlang der Hauptstraße reihen sich die Lebensmittelgeschäfte, die neben dem berühmten örtlichen Schafskäse auch Wurst und Schinken, getrocknete Pilze und Kräuter, Wein, Olivenöl, Honig und vieles andere mehr anbieten.

Busse nach Montepulciano sowie nach Siena (Mo–Sa 6mal tgl., knapp 1 1/2 Std. Fahrzeit).

Pisa

Lage: B 5
Vorwahl: 050
Einwohner: ca. 98 000

Der Schiefe Turm zieht jährlich Hunderttausende Besucher an. Doch Pisa, einst eine der mächtigsten Hafenstädte Italiens, hat daneben viele andere Reize: die monumentale Kathedrale, den ummauerten Friedhof Camposanto, ein lebendiges Zentrum am Arno

Die Touristenattraktion einmal gespiegelt: der Schiefe Turm

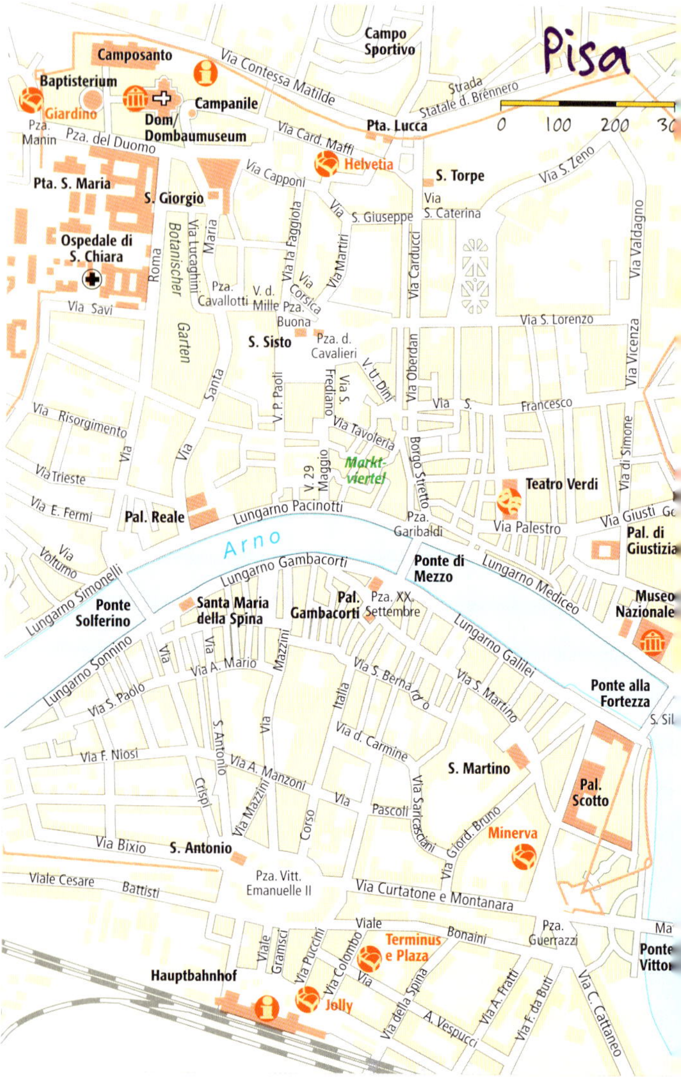

mit kleinen Märkten und vielen Geschäften. Pisa ist auch eine bedeutende Universitätsstadt. In manchen Vierteln prägen die Studenten das Stadtbild.

Die berühmtesten Bauten Pisas stehen am Platz der Wunder, der **Piazza dei Miracoli**, im Norden der Altstadt. Dom, Baptisterium, Camposanto und Schiefer Turm bilden einen repräsentativen Gebäudekomplex, der im 11. und 12. Jh. errichtet wurde, als Pisa zu den mächtigsten Städten Italiens zählte.

Schiefer Turm (Campanile): Der Glockenturm steht frei neben der Kathedrale. Schon während der Bauzeit begann er, sich zu neigen. Heute beträgt die Abweichung von der Vertikalen 4,86 m. Vor einigen Jahren wurde das Untergeschoß mit massiven Stahlkabeln umhüllt und an der Nordseite ein Bleigewicht von 600 t befestigt, um den Turm zu stabilisieren.
Dom: März–Okt. Mo–Sa 10–19.45, So, feiertags 13–18, Nov.–Feb. 7.45–12,45, 15–16.45, So, feiertags 15–16.45 Uhr.
Mit dem Bau wurde 1064 begonnen, nachdem Pisa in einer Seeschlacht die Sarazenen besiegt hatte. Aus der Kriegsbeute finanzierten die Pisaner die Errichtung der Kirche. Die Streifenornamente am Außenbau gehen auf arabische Einflüsse zurück. Im Innenraum ist der deutsche Kaiser Heinrich VII. begraben (links vom Eingang). Berühmt sind die Reliefs der Kanzel. Giovanni Pisano schuf sie in den Jahren von 1302 bis 1311.
Baptisterium: März–Okt. 8.30–19.30, Nov.–Feb. 9–17 Uhr.
Gegenüber vom Dom steht die romanisch-gotische Taufkirche. Wie der Dom besitzt sie eine schöne Kanzel, die der Bildhauer Nicola Pisano um 1260 gestaltete.
Camposanto: März–Okt. 8.30–19.30, Nov.–Feb. 9–17 Uhr.
Der ummauerte Friedhof wurde im Zweiten Weltkrieg durch Brandbomben beschädigt, dabei ging ein Teil der Ausmalung verloren. Der interessante Freskenzyklus »Triumph des Todes« aus dem 14. Jh. blieb jedoch erhalten.
Piazza dei Cavalieri: Der Platz im Universitätsviertel war früher der Mittelpunkt Pisas. Hier steht der vollständig bemalte Palazzo dei Cavalieri, heute Sitz der Elite-Hochschule Scuola Normale Superiore, daneben die Kirche S. Stefano dei Cavalieri aus dem 16. Jh.
S. Maria della Spina: Lungarno Gambacorti. Eine kleine, reich verzierte gotische Kirche am südlichen Arno-Ufer, die als ›Schatzkästlein‹ für eine heilige Reliquie errichtet wurde – einen Dorn aus der Dornenkrone Christi.
Marktviertel und **Borgo Stretto**: Neben der Piazza dei Miracoli lohnt das belebte Zentrum Pisas unbedingt den Besuch. In der von Bogengängen gesäumten Straße Borgo Stretto finden sich viele Geschäfte und Cafés. Das angrenzende Marktviertel um die Piazza Vettovaglie und Piazza Sant'Omobono wirkt fast orientalisch.

Museum

Dombaumuseum (Museo dell'Opera del Duomo):
Piazza Arcivescovado,
März–Okt. 8.30–19.30,
Nov.–Feb. 9–17 Uhr.
Mit Werken aus Dom und Baptisterium, darunter schönen gotischen Skulpturen.

5 km südwestlich von Pisa liegt die Kirche S. Piero a Grado aus dem 11. Jh. Nach der Überlieferung betrat an dieser Stelle der hl. Petrus den italienischen Boden.

Der ›Hausstrand‹ der Pisaner liegt in **Marina di Pisa**, 11 km südwestlich an der Arno-Mündung.

Piazza Duomo (beim Schiefen Turm), Tel. 56 04 64, Fax 409 03.
Piazza Stazione (am Hauptbahnhof), Tel. 422 91.

Giardino: Piazza Manin 1, Tel. 56 21 01, günstig.

Preiswertes einfaches Hotel in der Nähe des Domplatzes.

Helvetia: Via Don Boschi 31, Tel. 55 30 84, günstig.

Ebenfalls ein ordentliches Haus der untersten Preisklasse bei der Piazza dei Miracoli.

Terminus e Plaza: Via Colombo 45, Tel. 50 03 03, Fax 50 03 03, moderat.

Drei-Sterne-Hotel beim Bahnhof mit gutem Komfort; einige Zimmer ohne eigenes Bad sind sehr preiswert.

Minerva: Piazza Toniolo 20, Tel. 50 10 81, Fax 50 15 59, moderat.

Familiäres bürgerliches Haus in einem ruhigen Viertel der Altstadt.

Jolly Hotel Cavalieri: Piazza Stazione 2, Tel. 432 90, Fax 50 22 42, Luxus.

Das komfortabelste Hotel Pisas, allerdings ohne besondere Atmosphäre.

Jugendherberge

Centro Turistico Madonna dell' Acqua: Via Pietrasantina 15, Tel. 89 06 22.

Etwa 1 km vom Domplatz entfernt (ab Bahnhof Buslinie 3).

Torre Pendente: Viale Cascine 86, Tel. 56 17 04, Fax 56 17 34.

Außerdem mehrere **Plätze am Meer** in Marina di Pisa, Tirrenia und Calambrone.

Al Bagno di Nerone: Via Fedeli 26, Mo geschl.

Gute Pizzeria bei der Porta Lucca in 300 m Entfernung vom Domplatz.

La Mescita, Via Cavalca 2, Tel. 54 42 94, nur abends geöffnet, Mo geschl.

Beliebte Trattoria im Marktviertel, die viel von Studenten besucht wird.

Da Bruno: Via L. Bianchi 12, Tel. 56 08 18, Mo abends, Di geschl.

Bürgerliches Lokal mit guter regionaler Küche.

Taverna Kostas: Via del Borghetto 39, Tel. 57 14 67, Mo geschl.

Eines der besten Lokale der Stadt, mit kreativer griechischer und toscanischer Küche und mittleren Preisen. Etwas außerhalb der Altstadt nahe Museum San Matteo.

Kleidung und Schuhe findet man in den eleganten Geschäften am Borgo Stretto.

Mi und Sa wird vormittags ein **Kleidermarkt** bei der Kirche S. Francesco abgehalten. Am zweiten Wochenende jeden Monats (außer Aug.) stehen unter den Logge di Banchi und in den angrenzenden Straßen die Stände des ausgedehnten **Antiquitäten-** und **Flohmarkts.**

Regata di San Ranieri am 17. Juni, **Gioco del Ponte** am letzten So im Juni, s. S. 14.

Bootsrennen der vier Seerepubliken: Alle vier Jahre findet am ersten So im Juni eine Wettfahrt zwischen den Mannschaften der vier mittelalterlichen Seerepubliken Pisa, Genua, Amalfi und Venedig statt.

Vom **Flughafen** Galileo Galilei Verbindungen in viele italienische Städte und ins Ausland, direkt u. a. nach München.

Pisa ist Knotenpunkt der **Bahnstrecken** Genua– Rom und Pisa–Florenz. Gute Verbindungen nach Viaréggio, Livorno, Grosseto, Lucca, Florenz.

Busse fahren u. a. nach Florenz, Livorno, Lucca und in alle Orte der Provinz Pisa.

Autoverleih: Zahlreiche Firmen am Flughafen Galileo Galilei, z. B.
Avis, Tel. 420 28,
Maggiore, Tel. 425 74,
Europcar, Tel. 410 17.

Pistoia

Lage: D 4
Vorwahl: 0573
Einwohner: ca. 87 000

Die Provinzhauptstadt zwischen Florenz und Lucca ist nicht so berühmt wie andere toscanische Orte. Doch lohnt Pistoia mit seiner lebhaften Altstadt und den vielen Kunstwerken auf jeden Fall den Besuch.

Dom San Zeno: Das Hauptwerk der Kirche aus dem 12./13. Jh. ist der Silberaltar des hl. Jakob, an dem zwischen 1287 und 1456 zahlreiche Künstler arbeiteten – darunter auch Brunelleschi, der Architekt der Florentiner Domkuppel. 628 Figuren beleben die 33 biblischen Szenen des Schreins. San Zeno zählt zu den ältesten Kirchen der Toscana.

Baptisterium: Die achteckige Taufkirche aus gotischer Zeit, die auf einen Entwurf von Andrea Pisano zurückgeht, steht gegenüber vom Dom.

Palazzo del Comune:
Di–Sa im Sommer 9.30–12.30, 16–19 Uhr, im Winter nachmittags 15.30–18.30 Uhr, So nur vormittags, Mo geschl.
Mit dem Bau des Rathauses wurde 1294 begonnen; 1637 fügte man die Verbindung zum Dom hinzu. Der Palazzo beherbergt ein Museum mit Werken einheimischer Maler.

Palazzo Pretorio (Palazzo Podestà): Ebenfalls auf das 14. Jh. geht das schon früh als Gerichtsgebäude genutzte Bauwerk zurück. Heute ist hier ein Teil der Justizbehörde untergebracht. 1844 erhielt der schlichte Palast durch die Erweiterung seine heutige Gestalt.

Kein Parkverbot für Roller: nahe dem Marktplatz von Pistóia

Ospedale del Ceppo: Piazza del Ospedale. Das alte Hospiz ist mit einem Terrakotta-Fries in strahlenden Farben verziert. Sie wurden 1510–25 von Mitgliedern der florentinischen Künstlerfamilie Della Robbia entworfen und zeigen die Werke der Barmherzigkeit, denen sich das Hospiz widmete: Armenfürsorge, Krankenpflege, Totenbestattung und Pilgeraufnahme.

Sant'Andrea: Via Sant'Andrea. Die romanische Kirche birgt eines der bedeutendsten Werke der gotischen Bildhauerkunst in Italien, die um 1300 von Giovanni Pisano geschaffene Kanzel mit bewegten, dramatischen Szenen aus dem Neuen Testament.

San Bartolomeo in Pantano: Piazza San Bartolomeo. Auch in dieser Kirche ist eine Kanzel das Hauptwerk. Die Reliefs von Guido da Como aus dem Jahr 1250 zeigen Episoden aus dem Leben Jesu Christi.

Museen

Palazzo del Tau: Piazza Garibaldi, Di–Sa 9–13, 15–19,
So, feiertags nur 9–12.30 Uhr.
Eine Sammlung von Skulpturen und Zeichnungen des aus Pistóia stammenden, 1980 gestorbenen Künstlers Marino Marini.

Montecatini Terme: 15 km westlich von Pistoia liegt einer der bedeutendsten Kurorte Italiens mit zahlreichen Thermalbädern. Das Excelsior-Bad (Viale Verdi) hat ganzjährig geöffnet. Auskunft über die Kuren unter Tel. 0572/77 84 52.

Monsummano Terme: In den Grotten nimmt man Naturdampf-Schwitzbäder gegen Rheuma. In der **Grotta Giusti** (Tel. 0572/510 08, April–Okt. 9–12.30, 15–18 Uhr) kann man dabei sogar Tropfsteingebilde betrachten.

Einen **Golf-** und zahlreiche **Tennisplätze** gibt es in Montecatini Terme.

Giardino Zoologico Città di Pistoia: Via Pieve a Celle 160, tgl. 9 Uhr bis Sonnenuntergang.
Der große Zoologische Garten am Stadtrand (4 km vom Zentrum) mit über 1000 Tieren ist vor allem für Kinder eine willkommene Abwechslung.

Vinci (25 km südlich) ist als Geburtsort des Universalgenies Leonardo da Vinci weltberühmt geworden. Der kleine Ort in hübscher Hügellandschaft präsentiert Leonardos technische Erfindungen im **Museo Vinciano** (in der Burg, tgl. 9.30–18 Uhr). 3 km weiter nördlich steht beim Weiler **Anchiano** inmitten von Olivenhainen das angebliche **Geburtshaus** des Künstlers (Öffnungszeiten wie Museo Vinciano).

Von Pistoia aus sind auch der **Pinocchio-Park** (s. S. 50) von Collodi sowie die **Villen** in der Umgebung von Lucca (s. S. 49) gut erreichbar.

Piazza del Duomo:
Tel. 216 22, Fax 343 27.

Patria: Via F. Crispi 6,
Tel. 251 87, Fax 36 81 68, moderat.
Angenehmes Drei-Sterne-Hotel im Zentrum.

Leon Bianco: Via Panciatichi 2, Tel. 266 75, Fax 267 04, moderat.
Gutbürgerliches Hotel in Domnähe. Vermeiden Sie die lauten Zimmer, die auf die Via Cavour hinausgehen!

... in der Umgebung

Il Convento: Via S. Quírico 33, Pontenuovo, 6 km östlich des Zentrums, Tel. 45 26 51,
Fax 45 35 78, moderat.
Stimmungsvolles Hotel in einem früheren Kloster, Garten mit Traumblick auf die Stadt, großes Schwimmbad, völlige Ruhe. Die Zimmer – ehemalige Klosterzellen – sind allerdings relativ klein.

Grotta Giusti: Via Grotta Giusti 171, Monsummano Terme, Tel. 0572/511 65, Fax 0572/512 69, teuer.
Elegantes Hotel in einer alten Villa, direkter Zugang zu den Thermen, Schwimmbad.

Lo Spuntino:
Piazza dell'Ortaggio 12,
So geschl.
Sympathische, einfache Trattoria am Fischmarkt, in der Nähe des Domplatzes.

Leon Rosso: Via Panciaticchi 4, Tel. 292 30, So geschl.
Ein gutbürgerliches Lokal im Zentrum, ausgezeichnet sind – neben anderen Gerichten – das mit Zitrone geschmorte Kaninchen oder die Nudeln mit Tomaten, Zwiebeln und *Ricotta*.

Caffè Valiani: Via Cavour 55,
Tel. 230 34, Di geschl.
Das Traditionscafé der Stadt ist in einer ehemaligen Kirche untergebracht. Berühmt ist die Zitronentorte. Im Teesalon werden gele-

gentlich Kunstausstellungen veranstaltet.

Pistoia hat gute **Mode-** und **Antiquitätengeschäfte**. Am zweiten Wochenende im Monat findet ein **Antiquitätenmarkt** auf dem ehemaligen Fabrikgelände Stabilimento Breda (Viale Pacinotti) statt.
Interessant für Gourmets ist das Dorf **Agliana** (8 km Richtung Florenz): Bei Roberto Catinari, Via Provinciale 38, gibt es einige der schönsten Schokolade-Kreationen, Torten und Pralinen Italiens. Und in der Hausnr. 376 röstet die Torrefazione Trinci seit 60 Jahren vorzüglichen Kaffee.

Anfang Juli versammelt das 3–4 Tage dauernde **Pistoia Blues Festival** einige der berühmtesten Blues-Musiker sowie unbekanntere Gruppen.
Am 25. Juli finden auf dem Domplatz die Reiterspiele **Giostra dell' Orso** statt.

Gute **Bahnverbindungen** nach Prato, Florenz, Lucca, Viaréggio. **Busse** nach Prato, Florenz, Lucca und in alle Orte der Provinz Pistoia.

Pitigliano

Lage: F 10
Vorwahl: 0564
Einwohner: ca. 4500

Pitigliano liegt fotogen in einer beeindruckenden Landschaft über drei tief eingeschnittenen Schluchten; seine braunen Häuser und der große Palazzo der Adelsfamilie Orsini scheinen aus dem Fels geradezu hervorzuwachsen. Auf dem vulkanischen Untergrund gedeiht ein guter Weißwein, der *Bianco di Pitigliano*.

Via Roma 6,
Tel./Fax 61 44 33

Altstadt: Im Ortskern bummelt man am besten umher, um die Gassen und den Ausblick in die Landschaft zu erleben.

Guastini: Via Petruccioli 4, Tel. 61 60 65, Fax 61 66 52, günstig.
Besonders schön sind die Zimmer mit Blick auf den alten Ortskern.

Guastini: Adresse wie das gleichnamige Hotel.
Spezialität des Hauses ist der Wildschweinbraten (*cinghiale*).

Täglich einige **Busverbindungen** nach Grosseto.

Porto Santo Stefano

Lage: R 9
Vorwahl: 0564
Einwohner: ca. 8000

Das sympathische, quirlige Hafenstädtchen ist der Hauptort des **Monte Argentario**, eines Vorgebirges an der südlichen Küste der Toscana, das bis zu 635 m Höhe aufragt. Hier finden sich noch einsame Küstenlandschaften.

Rund um den Monte Argentario verläuft eine 27 km lange, streckenweise sehr kurvige Straße, von der immer wieder Abstecher in kleine **Badebuchten** führen. Der beste Strand liegt in der Nähe des noblen Jachthafens **Cala Galera**, am Beginn des

Damms **Tómbolo di Feniglia** (2 km von Port'Ercole entfernt).

Port'Ercole an der Ostflanke des Monte Argentario hat einen hübschen alten Ortskern. Er wird überragt vom Forte Filippo, einer großen Renaissance-Burg. Das ehemalige Fischerdorf ist eine beliebte Residenz der Reichen und Super-Reichen.
Gut erreichbar ist vom Monte Argentario aus auch der **Maremmen-Nationalpark** (Extra–Tour 4, s. S. 90f.).

Corso Umberto I 55a,
Tel. 81 42 08, Fax 81 40 52.

Alfiero: Via Cuniberti 12,
Tel. 81 40 67, moderat.
Einfaches Hotel oberhalb des Hafens mit Meerblick, allerdings nicht ganz ruhig gelegen. Einige Zimmer mit Balkon.
Vittoria: Strada del Sole 65,
Tel. 81 85 80, Fax 81 80 55,
teuer.
Drei-Sterne-Hotel in schöner Panoramalage oberhalb des Ortes, Schwimmbad und hauseigener Tennisplatz, guter Komfort.
Il Pellicano: Strada Panoramica, Località Sbarcatello, Port'Ercole,
Tel. 83 38 01, Fax 83 34 18, Luxus.
4 km außerhalb von Port'Ercole liegt dieses Spitzen-Hotel in einem großen Park – wohl die nobelste Unterkunft an der toscanischen Küste. Alle Zimmer haben Balkon oder Terrasse und sind mit Antiquitäten eingerichtet.

Camping Argentario:
Torre Saline (bei Albinia),
Tel. 87 03 02, Fax 87 13 80.
Guter Platz an der Küste gegenüber dem Monte Argentario.
Feniglia: Ca. 2 km von Port' Ercole entfernt beim Damm Tómbolo di Feniglia,
Tel. 83 10 90, Fax 86 71 75.
Vorsicht: In der heißen Jahreszeit kommen aus der nahegelegenen Lagune besonders viele Mücken!

Dal Greco: Via del Molo 1,
Tel. 81 48 85, Di geschl.
Gutes Restaurant am Hafen, gehobene Preise. Köstlich die Ravioli mit Fischfüllung (*ravioli di pesce*).
... in Port'Ercole
Bacco in Toscana: Via San Paolo della Croce 6, Tel. 83 30 78,
nur abends geöffnet, Mi geschl.
Fischrestaurant mit gehobenen Preisen, vorzüglich z. B. die Muschel-Spaghetti.
La Pinta: Lungomare A. Doria,
Tel. 83 52 70, Di geschl.
Kleines Lokal am Hafen mit schöner Terrasse, fast ausschließlich Fischgerichte.

Buszubringer zum **Bahnhof Orbetello** an der Strecke Pisa–Rom.

Prato

Lage: D 4
Vorwahl: 0574
Einwohner: ca. 165 000

Prato wird wegen seiner Bedeutung als Textilzentrum manchmal das ›Manchester Italiens‹ genannt. Die drittgrößte Stadt der Toscana liegt inmitten eines ausgedehnten Industriegebiets, ihre Umgebung ist reizlos. Doch die kleine Altstadt lohnt einen Besuch: Schöne mittelalterliche Bauten, wie der Dom und das Rathaus, fügen sich in ein gut erhaltenes historisches Ensemble ein.

Dom Santo Stefano: Die berühmte Außenkanzel

der im 13. und 14. Jh. entstandenen Kirche stammt von den Renaissance-Bildhauern Donatello und Michelozzo. Die Originalreliefs befinden sich heute im Dombaumuseum (s. u.). Im Innenraum sind vor allem die farbenfrohen Fresken von Filippo Lippi im Chor bemerkenswert. Sie entstanden 1452–68 und stellen das Leben Johannes des Täufers sowie des hl. Stefan dar.

Palazzo Pretorio: Piazza del Comune. In dem mittelalterlichen Rathaus ist eine große Gemäldegalerie untergebracht (s. u., Museen).

S. Maria delle Carceri: Den systematisch gegliederten Zentralbau schuf der Renaissance-Architekt Giuliano da Sangallo zwischen 1484 und 1495.

Castello: Die Burg wurde im Auftrag Kaiser Friedrichs II. in der Mitte des 13. Jh. errichtet. Der für Mittelitalien ungewöhnliche Bau erinnert an die Stauferkastelle in Apulien.

Museen

Dombaumuseum (Museo dell'Opera del Duomo): Piazza Duomo 49, Mo, Mi–Sa 9.30–12.30, 15–18.30, So, feiertags 9.30–12.30 Uhr, Di geschl.
Hauptwerke sind die originale Außenkanzel des Doms sowie Gemälde von Filippo Lippi und Botticelli.

Via Cairoli 48, Tel. 241 12, Fax 60 79 25.

Stella d'Italia: Piazza Duomo 8, Tel. 279 10, Fax 402 89, günstig.
Ein altmodisches einfaches Hotel gleich am Domplatz.

Giardino: Via Magnolfi 4, Tel. 261 89, Fax 60 65 91, moderat.
Angenehmes Haus in zentraler Lage an einer befahrenen Straße, doch die Zimmer sind lärmisoliert.

Villa Santa Cristina: Via Poggio Secco 58, Tel. 59 59 51, Fax 57 26 23, teuer.
Noble Villa auf einem Hügel über der Stadt (2 km östlich vom Zentrum), Garten, Schwimmbad, schöne Aussicht.

La Vecchia Cucina di Soldano: Via Pomeria 23, Tel. 346 65, So geschl.
Traditionelle Trattoria am Rand der Altstadt.

Giulebbe: Viale Piave 24, Tel. 60 53 70, nur mittags, Mo geschl.
Dieses Lokal ist Konditorei, Bar und Trattoria in einem. Besonders gut sind die Nachspeisen, aber auch Nudel- und Fleischgerichte schmecken lecker.

Häufige **Busverbindungen** nach Florenz. **Züge** nach Florenz, Pistóia, Lucca, Viaréggio.

San Galgano

Lage: E 7/8

Das einsam in einer Ebene gelegene **Zisterzienserkloster** hatte im Mittelalter weitreichenden Einfluß. Heute ist San Galgano die wohl beeindruckendste Ruine der Toscana. Das Dach der Abteikirche (13. Jh.) brach im 18. Jh. zusammen. Seither strömt das Licht ungehindert in den großen Kirchenraum, dessen Wände und Fassade noch stehen; der Fußboden aber ist eine Wiese – ein selten naturnahes Kircheninneres. Wenige Meter oberhalb der Ruine erhebt sich auf einer Hügelkuppe das romanische **Oratorio di San**

Galgano, die Grabkirche des heiligen Einsiedlers Galgano Guidotti. In dem originellen Rundbau befinden sich schöne, aber schlecht erhaltene Fresken von Ambrogio Lorenzetti.

Von Siena auf der N 73 in Richtung Massa Marittima. Mit Linienbussen bestehen täglich 5–6 Verbindungen von Siena und Massa Marittima, die Fahrzeit beträgt 50 Min.

San Gimignano

Lage: D 6
Vorwahl: 0577
Einwohner: ca. 7500

Das perfekt erhaltene mittelalterliche Städtchen gehört zu den Höhepunkten jeder Toscana-Reise. Schon von weitem sind die berühmten **Geschlechtertürme** sichtbar, die dem Ort seine charakteristische Silhouette verleihen. Die Landschaft der Umgebung mit ihren Ölbaumpflanzungen und Weinbergen entspricht den höchsten Erwartungen. Einziger Nachteil: Im Sommerhalbjahr ist San Gimignano fast ständig von Touristen überlaufen.

Geschlechtertürme: Die berühmten Türme von San Gimignano tragen ihren Namen nach ›Geschlechtern‹ im Sinne von Familienverbänden. Sie dienten den reichen Familien des Ortes als Prestige- und Verteidigungsbauten. Im Mittelalter gab es 72 davon, heute stehen noch 15. Die Türme im Kampf besiegter Familien wurden ›kastriert‹, was man noch immer an einigen Beispielen (z. B. an der Piazza Cisterna) sehen kann.

Wein und Olivenöl: ganz im Zeichen der Geschlechtertürme

Piazza Cisterna: Der schöne Platz im Zentrum mit dem Brunnen und den alten Häusern bildet ein perfektes mittelalterliches Ensemble.
Piazza Duomo: Um die zweite zentrale Piazza gruppieren sich die wichtigsten öffentlichen Gebäude – die beiden Rathäuser **Palazzo del Podestà** (mit offener Bogenhalle) und **Palazzo del Popolo** (mit schönem Innenhof) sowie die Pfarrkirche. Den Turm des Palazzo del Popolo kann man besteigen.
Collegiata Santa Maria Assunta: Die Pfarrkirche aus dem 12. Jh. ist fast vollständig mit Fresken aus dem 14. Jh. ausgemalt.
Sant'Agostino: Im Chor der Kirche am nördlichen Ortsrand hat der florentinische Renaissance-Maler Benozzo Gozzoli 1464 anschaulich die Lebensgeschichte des hl. Augustinus dargestellt.
Rocca: Der Gang zu den Ruinen der ehemaligen Festung am höchsten Punkt San Gimignanos lohnt wegen des schönen Ausblicks auf

den Ort und die Landschaft. Ausgangspunkt ist die Piazza del Duomo, von der Hinweisschilder (rechts von der Kirche) zur Rocca weisen.

Piazza Duomo 1, Tel. 94 00 08, Fax 94 09 03.

Adressen von Privatvermietern erfährt man bei der Touristeninformation.
La Cisterna: Piazza della Cisterna 24, Tel. 94 03 28, Fax 94 20 80, moderat.
Das Hotel ist in einem historischem Gebäude aus dem 13. Jh. untergebracht. Traumhaft schön sind die Räume mit Panoramablick, einige Zimmer allerdings recht klein!
L'Antico Pozzo: Via San Matteo 87, Tel. 94 20 14, Fax 94 21 17, teuer.
Edel restauriertes Hotel in einem mittelalterlichen Palazzo, manche Räume sind freskengeschmückt, viele Zimmer mit Aussicht.
... in der Umgebung
Le Renaie: Via Pancole 10/B, Località Pancole, Tel. 95 50 44, Fax 95 51 26, moderat.
Angenehmes Haus in schöner Lage auf dem Land (6 km nördlich von San Gimignano), Schwimmbecken, gutes Restaurant.
Pescille: Località Pescille, Tel. 94 01 86, Fax 94 31 65, teuer.
Restauriertes Landhaus in herrlicher Lage, Garten, kleiner Pool, Tennisplatz.
Jugendherberge
Ostello della Gioventù: Via delle Fonti 1, Tel. 94 19 91, Fax 94 19 82, im Winter geschl.
Keine Altersbegrenzung, kein JH-Ausweis erforderlich!

Camping Il Boschetto: Santa Lucia (2 km südöstlich), Tel. 94 03 52, geöffnet 1. Mai–15. Okt.
Schöne Lage, viel Schatten.

Bel Soggiorno: Via San Giovanni 91, Tel. 94 03 75, Mo geschl.
Schönes Hotel-Restaurant mit guter toscanischer Küche. Man speist in einem Saal mit Panoramablick auf die Hügellandschaft. Die Preise sind allerdings wie in allen besseren Restaurants von San Gimignano relativ hoch.
Dorandò: Vicolo dell'Oro 2, Tel. 94 18 62, Mo geschl.
Das elegante Lokal erweckt historische Rezepte zum Leben, Niveau der Küche ist ausgezeichnet.

Spezialität San Gimignanos ist der **Vernaccia**, ein guter trockener Weißwein. Man bekommt ihn in zahlreichen Geschäften im Ort oder direkt bei den Winzern der Umgebung.

Häufige **Busverbindungen** nach Florenz und Siena (mit Umsteigen in Poggibonsi), Fahrzeit jeweils rund 1 1/4 Stunden.

San Vincenzo

Lage: C 8
Vorwahl: 0565
Einwohner: ca. 7000

Der Badeort liegt im Zentrum der Riviera degli Etruschi mit ihren ausgedehnten Sandstränden und schönen Pinienwäldern. Von hier lassen sich reizvolle Ausflüge in das hügelige Hinterland unternehmen, etwa nach Campiglia Marittima oder Castagneto Carducci.

Im Ort und der gesamten Umgebung finden sich breite Sandstrände, die meist durch einen Streifen Pinienwald vom Hinterland abgeschirmt sind. Landschaftlich besonders reizvoll, allerdings an schönen Wochenenden von italienischen Ausflüglern überlaufen, ist der kleine **Golf von Baratti** (s. Ausflüge). Für Kinder besonders geeignet sind die flachen Strände von **Marina di Castagneto-Donoratico.**

Populonia und der **Golf von Baratti:** Ca. 15 km Fahrt Richtung Süden. Der **Golf von Baratti** ist eine weitgeschwungene Bucht mit Pinien, Fischerbooten und einer Handvoll Häusern.
Direkt am Meer liegt hier die **etruskische Gräberstadt von Populonia** (April–Sept. tgl. 9–19.30 Uhr, sonst bis Sonnenuntergang). Die interessante Nekropole weist viele unterschiedliche Grabformen auf; die ältesten Gräber sind fast 3000 Jahre alt.
Einige Kilometer oberhalb liegt das **Dorf Populonia**, an dessen Stelle einst etruskische Heiligtümer und eine Akropolis standen.
Eine Reihe hübscher Dörfer und Kleinstädte im Hinterland der Küste lohnen ebenfalls den Besuch:
Campíglia Marittima besticht mit seinem vorzüglich erhaltenen mittelalterlichen Zentrum. Auch **Suvereto** ist eine reizvolle Kleinstadt; bemerkenswert ist nicht zuletzt das 700jährige Rathaus mit seiner schönen Außentreppe. Die Häuser des Bergdorfes **Sassetta** schmiegen sich malerisch an einen Hang. Über das lebendige **Castagneto Carducci** gelangt man von hier nach **Bólgheri**, wo einer der besten Rotweine der Toscana, der Sassicaia, angebaut wird.

Via Beatrice Alliata 2,
Tel. 70 15 33.

Sabbia d'Oro, Via della Repubblica 38,
Tel. 70 13 32, Fax 70 15 75, moderat bis teuer.
Gut geführtes, ruhiges Drei-Sterne-Hotel mit eigenem Strand, schöne Zimmer mit Balkon und Meerblick. Wie in den meisten Hotels dieser Gegend sind die Preise im Juli/Aug. wesentlich höher als in der Nebensaison.
Park Hotel I Lecci: Via della Principessa 116, Tel. 70 41 11, Fax 70 32 24, Luxus.
Etwas außerhalb des Ortes in einem Park am Meer, mit Schwimmbad und Tennisplätzen.

An der gesamten **Riviera degli Etruschi** gibt es zahlreiche Campingplätze.
Le Pianacce: Unterhalb von Castagneto Carducci liegt der Platz schattig im Pinienwald, Tel./Fax 76 36 67.

Gambero Rosso: Piazza della Vittoria 13,
Tel. 70 10 21, Di geschl.
Eines der besten Restaurants der Toscana, vorwiegend Fischspezialitäten, elegantes Ambiente und gehobene Preise.
... in der Umgebung
Enoteca Maestrini: Via Aurelia 1, Donoratico (9 km nördlich von San Vincenzo), Tel. 77 52 09, Mo geschl.
Das angenehme Lokal bietet neben einem großen Weinangebot eine Reihe kalter Gerichte, alle von überdurchschnittlicher Qualität: Wurstwaren, Käse, eingelegte Gemüse, geröstetes Brot, Torten u. a.
Da Zi'Martino: Castagneto Carducci, Località San Giusto 262,

2 km unterhalb des Ortes Castagneto Carducci, an der Abzweigung der Straße Richtung Bólgheri, Tel. 76 36 66, Mo geschl. Trattoria mit guter Hausmannskost: Bandnudeln in Kaninchen-Sauce, Wildschweinbraten, gebratene Taube u. a.

Conservificio Biagi: Via Aurelia 143, Donoratico, Tel. 77 51 30.
Verkauf erstklassiger Konserven: geschälte Tomaten, eingelegte Gemüse, Pilze u. a.

San Vincenzo liegt an der Hauptstrecke Genua–Rom, gute **Bahnverbindungen** zu allen Orten der Küste.

Saturnia

Lage: F 10
Vorwahl: 0564
Einwohner: ca. 500

Mit 37,5 °C sprudelt das Wasser der Heilquellen von Saturnia aus dem Boden. Saturnia ist einer der ältesten Orte ganz Italiens. Schon die Etrusker und die Römer badeten hier. Besonders attraktiv, allerdings oft überlaufen ist der Wasserfall am Mulino delle Cascate, wo man sich umsonst von den warmen Naturduschen besprühen lassen kann.

Das ›offizielle‹ **Thermalbad** gehört zum Hotel Terme di Saturnia unterhalb des Ortes.
Die frei zugänglichen **Wasserfälle** befinden sich 600 m vom Hotel entfernt an der Straße in Richtung Montemerano.

Via Aldobrandeschi, Tel. 60 12 08.

Wer privat wohnen möchte, erhält in der **Bar Centrale**, Tel. 60 10 01, Auskunft.
Villa Clodia: Via Italia 43, Tel. 60 12 12, Fax 60 13 05, moderat.
Angenehmes Haus im Ortskern mit kleinem Garten, Schwimmbad und schöner Aussicht.
Terme di Saturnia: Via della Follonata, Tel. 60 10 61, Fax 60 12 66, Luxus.
Vier-Sterne-Hotel direkt an den Quellen.
... in der Umgebung
Al Poggio: Via della Posta, Poggio Murella, 6 km enfernt, Tel. 60 79 53, Fax 60 78 53, moderat.
Angenehmes, familiäres Haus, gute regionale Küche.
Villa Acquaviva: Strada Scansanese, Acquaviva, 9 km entfernt, Tel. 60 28 90, Fax 60 28 95, moderat bis teuer.
Die ehemalige Landvilla eines Grafen wurde mit viel Geschmack für Gäste eingerichtet, familiäre Atmosphäre (nur sieben Zimmer), schöne Lage auf dem Land, Garten.

Bacco e Cerere: Via Mazzini 4, Tel. 60 12 35, außer Sa/So nur abends geöffnet, Di geschl.
Nettes Restaurant mit regionalen Gerichten, vorzügliche Desserts, mittlere Preise.
Da Michele: Piazza Vittorio Veneto 26, Tel. 60 10 74, Di geschl.
Das Lokal an der zentralen Piazza von Saturnia ist seit Jahren berühmt für seine gute Küche.
... in der Umgebung
Da Laudomia: Casa Ciani 1, Poderi, Tel. 62 00 62, Di geschl.
Verfeinerte ländliche Küche von guter Qualität. Auch Zimmervermietung.

Enoteca Bacco e Cerere: Via Mazzini 4. Der Laden bietet neben einer großen Weinauswahl auch andere kulinarische Produkte der Region.

Tgl. einige **Busverbindungen** nach Grosseto.

Siena

Lage: E 7
Vorwahl: 0577
Einwohner: ca. 56 000

Für viele ist Siena die ›Schönste im ganzen Land‹. Die großartig erhaltene mittelalterliche Stadt, die bis ins 14. Jh. ebenso mächtig war wie Florenz, kann wirklich begeistern. Ihre rostroten Backsteinhäuser, die hohen Palazzi und engen Gassen, das Auf und Ab der Hügel, die weltberühmte Piazza del Campo, der schwarz-weiß gestreifte Dom – das alles schafft ein fast traumartiges Gesamtbild. Die Einheimischen sind auf die Stadt und ihre Traditionen sehr stolz und kümmern sich um die Erhaltung; schon 1956 wurde das Zentrum für den privaten Autoverkehr gesperrt.

Piazza del Campo: Der berühmte Hauptplatz der Stadt mit seinem muschelförmigen Grundriß und den mittelalterlichen Palazzi bietet ein einzigartiges Bild. Bis spät in die Nacht hinein ist er von Einheimischen und Fremden belebt. Hier findet zweimal jährlich das berühmteste Fest der Toscana, das Pferderennen des Palio, statt (s. S. 14f.).
Palazzo Pubblico: Piazza del Campo, März–Okt. 9.30–18, So, feiertags 9.30–13.30, Nov. –Febr tgl. 9.30–13.30 Uhr.
Das Rathaus wurde ab 1297 errichtet, allerdings erst im 17. Jh. in der heutigen Form fertiggestellt. Der dazugehörige, 88 m hohe Turm **Torre del Mangia** trägt seinen Namen nach einem früheren

Fest der Feste: beim Palio füllt sich in Siena die Piazza del Campo

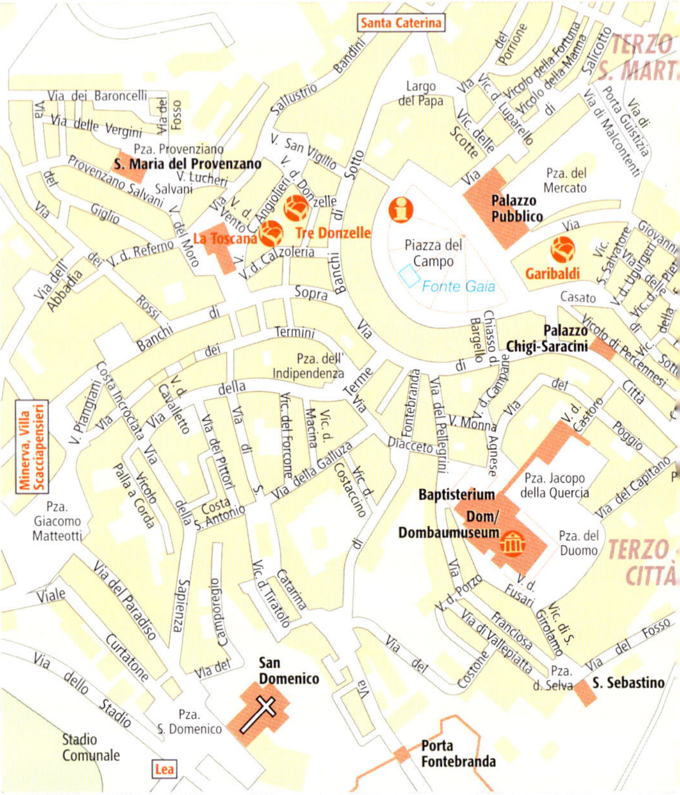

Glöckner. Man kann den Turm besteigen. Im Palazzo Pubblico befinden sich einige der interessantesten Bilder der sienesischen Malerei, wie die anschaulichen Fresken der »Guten und Schlechten Regierung« von Ambrogio Lorenzetti (1337–39).

Dom Santa Maria Assunta:
1. Nov.–15. März tgl. 7.30–13.30, 14.30–17, 16. März–31. Okt. tgl. 7.30–19.30 Uhr.

Am Dom wurde ab dem 12. Jh. über 200 Jahre lang gebaut. Am liebsten hätten die Sienesen die größte Kirche der Welt geschaffen, doch dieses Projekt scheiterte. Im Südosten der Kathedrale blieben noch die enormen Pfeiler und die Fassade der geplanten, allerdings nie zur Vollendung gelangten Riesenkirche erhalten. Im Innenraum sind der kostbare Marmorfußboden, die figurenreiche Kanzel – ein Werk des Bildhauers Nicola Pisano (1266) – und die Bronzestatue Johannes des Täufers (im Querschiff links), die Donatello schuf, besonders bemerkenswert.

Baptisterium: 1. Nov.–15. März tgl. 10–13, 14.30–17, 16. März – 30. Sept. tgl. 9–19.30, Okt. tgl. 9–18 Uhr.

Die Taufkirche liegt unter der Apsis des Doms. Die Reliefs des Taufbrunnens gestalteten u. a. so bedeutende Renaissance-Künstler

wie Donatello, Turino, della Quercia und Ghiberti.

San Domenico: In der schlichten Dominikanerkirche aus dem 13. Jh. wird als Reliquie der Kopf der hl. Katharina, der Schutzheiligen Sienas und Italiens, aufbewahrt.

Palazzo Chigi-Saracini: Via di Città 89. Der schöne gotische Adelspalast ist Sitz der Musikakademie, der Accademia Chigiana, die im Sommer Meisterkurse und Konzerte veranstaltet.

Museen

Dombaumuseum (Museo dell'Opera del Duomo): Piazza del Duomo 8, 1. Nov.–15. März tgl. 9–13.30 16. März–30. Sept. tgl. 9–19.30, Okt. tgl. 9–18 Uhr.

Hauptwerk des Museums ist die Altartafel der **Maestà** von Duccio di Buoninsegna (1311), die früher auf dem Hauptaltar des Doms stand. Vom Museum aus kann man die Fassade des unvollendeten neuen Doms besteigen; von hier aus genießt man den schönsten Blick auf Siena und seine Umgebung.

Pinakothek: Via San Pietro 29, Di–Sa 9–19, So, Mo, feiertags 8.30–13 Uhr.

Die Gemäldegalerie besitzt ca. 700 Bilder aus Mittelalter und Renaissance; darunter sind allerdings keine Werke allerersten Ranges.

Piazza del Campo, Tel. 28 05 51, Fax 27 06 76.

Garibaldi: Via G. Dupré 18, Tel. 28 42 04, günstig.
Optimale Lage (50 m Entfernung von der Piazza del Campo), preiswerte Zimmer ohne eigenes Bad.

Tre Donzelle: Via Donzelle 5, Tel. 28 03 58, günstig.
Einfaches Hotel in zentraler Lage.

Lea: Viale XXIV Maggio 10, Tel. 28 32 07, moderat.
Zwei-Sterne-Hotel in einem ruhigen Bürgerhaus am Altstadtrand.

Minerva: Via Garibaldi 72, Tel. 28 44 74, Fax 433 43, moderat.
Am Rand der Altstadt, ruhige Zimmer, fast ausnahmslos mit Blick auf die Stadtsilhouette.

La Toscana: Via Cecco Angiolieri 12, Tel. 460 97, Fax 27 06 34, moderat.
Altmodisches Haus in optimaler zentraler Lage.

Santa Caterina: Via Piccolomini 7, Tel. 22 11 05, Fax 27 10 87, teuer.
Hübsches kleines Hotel mit großen Zimmern und Garten, in dem im Sommer das Frühstück

Fast wie im Mittelalter: abendliches Mahl im Freien

serviert wird. Zimmer zur Gartenseite reservieren – zur Straße hin sind die Räume lärmisoliert, aber das hilft wenig, wenn man bei offenem Fenster schläft...

Palazzo Ravizza: Pian dei Mantellini 34, Tel. 28 04 62, Fax 22 15 97, teuer.
Ein Hotel in einem stilvollen Palazzo am Rand der Altstadt, mit Antiquitäten eingerichtet. Hübscher Garten mit Ausblick in die Landschaft. Auch hier empfiehlt es sich, Zimmer zur Gartenseite zu bestellen – zur Straße hin hört man Autolärm.

Villa Scacciapensieri: Via Scacciapensieri 10, Tel. 414 41, Fax 27 08 54, Luxus.
Ein Traumhotel, 3 km vom Zentrum entfernt (regelmäßige Busverbindungen). Die Villa liegt in einem großen Garten, mit Schwimmbad, Tennisplatz, jedem Komfort; geschmackvoll eingerichtete Zimmer (einige mit herrlichem Blick auf die Stadt). Allerdings sind einige Einzelzimmer weniger gemütlich.

Jugendherberge

Ostello della Gioventù: Via Fiorentina 17, Tel. 522 12, Fax 561 72.
Ein Neubau, 3 km außerhalb der Altstadt gelegen (Buslinien 3 und 15). Unterbringung in Schlafsälen oder Zweibett-Zimmern. Keine Altersbegrenzung; hier wird man auch ohne JH-Ausweis aufgenommen.

Colleverde: Via Scacciapensieri 47, Tel. 28 00 44, Fax 33 32 98.
3 km vom Zentrum entfernt am Hang über der Stadt (Bus Nr. 8), gute Ausstattung, oft überfüllt.

Garibaldi: Via Dupré 18, Tel. 28 42 04, Sa geschl.
Einfaches Restaurant beim Rathaus mit ordentlichen regionalen Gerichten.

Papei: Piazza del Mercato 6, Tel. 28 08 94, Mo geschl.
Gute Trattoria am Marktplatz hinter dem Rathaus; bei schönem Wetter kann man im Freien essen.

Gesegnet werden auch die Pferde: vor Beginn des Palio

La Finestra: Piazza del Mercato 14, Tel. 420 93, So geschl.
Direkt neben dem Papei ein weiteres Lokal mit freundlichem Service, etwas feiner und etwas teurer als die Konkurrenz nebenan.

Osteria Le Logge: Via del Porrione 33, Tel. 480 13, So geschl.
In dem ungewöhnlichen Lokal in der Nähe der Piazza del Campo, in dem Buchregale als Dekor dienen, gibt es eine gute Küche zu mittleren Preisen.

Mugolone: Via dei Pellegrini 8, Tel. 28 32 35, Do geschl.
Bei Einheimischen beliebtes Restaurant mit guten traditionellen Gerichten, eher gehobene Preise.

Enoteca Italica Permanente: Tgl. 15–24 Uhr.
Die Enoteca in der Festung Fortezza Medicea hat eine riesige Auswahl italienischer Weine zum Degustieren und Mitnehmen.

Drogheria Manganelli: Via di Città 71. Mit den klassischen sienesischen Dolci und einer großen Weinauswahl.

Wochenmarkt: Piazza La Lizza, Mi vormittags.

Trotz vieler Studenten und Touristen ist abends nicht viel los in Siena. Wahrscheinlich ist es einfach zu schön, bloß auf der Piazza del Campo zu sitzen und zuzuschauen, wie der Mond über den Himmel wandert. Die **Diskotheken** (Gallery, Via Pantaneto 13, Tel. 28 83 78; Barone Rosso, Via dei Termini 9) und **Piano Bars** (Al Cambio, Via Pantaneto 48, Tel. 431 83; L'Officina, Piazza del Sale 3, Tel. 28 63 01) spielen keine große Rolle in der Stadt.

Das große Fest Sienas ist der **Palio** am 2. Juli und 16. Aug. (s. S. 14). Die einzelnen Stadtteile feiern aber über das ganze Jahr Vor- und Nachbereitung des Palio, so daß man oft vor allem So, Umzüge mit Musik in historischen Kostümen erleben kann.

Vom Busbahnhof bei der Kirche San Domenico

Etruskische Gräber

In der unmittelbaren Umgebung des Dorfs Sovana finden sich mehrere etruskische Nekropolen, die durch die Lage in ruhigen, mit dichter Vegetation bewachsenen Tälern besonders reizvoll wirken.
Das bekannteste der Gräber ist das monumentale Hildebrands-Grab. Nicht weit entfernt verläuft der tief in den Fels geschnittene Hohlweg Cavone.
Die Nekropolen und alle größeren Gräber sind ausgeschildert.
Hildebrands-Grab: 1 km westlich von Sovana an der Straße nach S. Martino sul Fiora gelegen, April–Sept. 9–18, Okt.–März 10–13, 15–17.30 Uhr.

Busse in alle Orte der Provinz Siena (Montalcino, Pienza, Castellina in Chianti, u. a.). Häufige Verbindungen nach Florenz. **Zugverbindungen** nach Émpoli–Florenz, Pisa (mit Umsteigen in Émpoli), Buonconvento–Grosseto, Chiusi.

Sovana

Lage: F 10
Vorwahl: 0564
Einwohner: ca. 300

Der abgelegene kleine Ort in der Südtoscana war in der Etruskerzeit und im Mittelalter ein wichtiges Zentrum. Aus diesen Epochen sind die etruskischen Nekropolen in der Umgebung und zwei schöne Kirchen im Ort erhalten geblieben. Doch nicht nur die Kunstwerke machen den Reiz Sovanas aus. Das winzige Dorf in schöner Landschaft wirkt ruhig und atmosphärisch angenehm.

Piazza del Pretorio: Am Hauptplatz stehen die öffentlichen Gebäude des Mittelalters: der Palazzo Pretorio und die Loggia del Capitano. Wie die anderen Bauten des Dorfs wurden sie aus vulkanischem Tuffgestein errichtet.
Santa Maria: Die romanische Kirche birgt im Innenraum Renaissance-Fresken und einen ungewöhnlichen langobardischen Altarbaldachin aus dem 8./9. Jh. mit schöner Reliefdekoration.
Dom Santi Pietro e Paolo: Die Kathedrale entstand im 12. und 13. Jh. am westlichen Ortsrand. Das Portal und die Kapitelle des Innenraums sind mit schönen romanischen Skulpturen geschmückt.

Scilla: Via del Duomo 5, Tel. 61 65 31, Fax 61 43 29, günstig.
Sympathisches einfaches Dorfgasthaus.
Taverna Etrusca, Piazza Pretorio 16, Tel. 61 61 83, Fax 61 41 93, moderat.
Ein Hotel unter Denkmalschutz: Das geschickt restaurierte Gebäude in der Ortsmitte stammt aus dem Jahr 1241. Kleine, geschmackvoll eingerichtete Zimmer.

Der Schlager auf dem Markt von Viaréggio: Korbwaren

Beide Hotels von Sovana haben gute Restaurants (Scilla Di geschl., Taverna Etrusca Mo geschl.). Im **Scilla** gibt es klassische regionale Gerichte, in der etwas teureren **Taverna Etrusca** werden manche der typischen einheimischen Speisen kreativ verfeinert.

Die Nachbarorte **Pitigliano** (s. S. 64) und **Sorano** lohnen einen Abstecher.

Tgl. **Busse** nach Pitigliano und Grosseto.

Viaréggio

Lage: B 4
Vorwahl: 0584
Einwohner: ca. 56 000

Viaréggio ist der größte Badeort an der italienischen Westküste. In der lebendigen, modernen Stadt und ihren Nachbarorten gibt es hervorragende Sandstrände; allerdings ist das städtisch geprägte Ambiente in der Sommersaison recht unruhig.

Die **Versilia**, der nördliche Küstenabschnitt der Toscana, stellt seit langem ein beliebtes Badegebiet dar. Der feinsandige **Strand von Viaréggio** ist 100–200 m breit, das Wasser in Ufernähe seicht und daher für Kinder und Nichtschwimmer angenehm. Gute Badestrände besitzen auch die benachbarten Orte **Lido di Camaiore**, **Marina di Pietrasanta** und **Forte dei Marmi**.

Golfplätze gibt es in Forte dei Marmi und Pietrasanta, **Tennisplätze** u. a. in Viaréggio und Forte dei Marmi. Die **Apuanischen Alpen** eignen sich wunderbar zum **Wandern**.

Im Hinterland der Küste erheben sich die bis zu 2000 m Höhe aufragenden **Apuanischen Alpen** (Extra-Tour 1, s. S. 84f.). Alle toscanischen Küstenorte, aber auch **Pisa**, **Lucca**,

Pistoia, **Prato**, **Florenz** sind von Viaréggio aus mit der Bahn gut erreichbar.

Viale Carducci 10,
Tel. 96 22 33, Fax 473 36.

Arcangelo: Via Carrara 23,
Tel. 471 23, Fax 483 86,
moderat.
Gut geführtes Hotel direkt am Pinienwald, Meernähe.
Lupori: Via Galvani 9,
Tel. 96 22 66, Fax 96 22 67,
moderat.
Ordentliches Hotel in der Altstadt.
London: Viale Manin 16,
Tel. 498 41, Fax 475 22, teuer.
Vor kurzem renoviertes, komfortables Haus an der Uferstraße.
Palace: Via Flavio Gioia 2,
Tel. 461 34, Fax 473 51, Luxus.
Traditionsreiches Haus am Meer, in unmittelbarer Nähe des großen Pinienwaldes von Viaréggio. Die Zimmer sind mit Stilmöbeln eingerichtet. Dachterrasse mit herrlichem Panorama. Erstklassiger Service.

Dino: Via C. Battisti 35,
Tel. 96 20 53, Do geschl.
Angenehme Trattoria/Pizzeria im Zentrum.
La Darsena: Via Virgilio 172,
Tel. 39 27 85, So,
Mo abends geschl.
Trattoria in der Nähe des Fischerhafens, vorwiegend Fischgerichte.
Il Puntodivino: Via Mazzini 229,
Tel. 310 46, Mo geschl.
Ausgezeichnete Weinkarte und ein täglich wechselndes Menü von guter Qualität.

Torrefazione Martinelli:
Via Stagi 57, Pietrasanta,
Tel. 704 97.
Eine erstklassige Kaffeerösterei. Außer verschiedenen Kaffeemischungen kann man hier auch ausgezeichnete Weine erwerben.
Enoteca Marcucci: Via Garibaldi 40, Pietrasanta.
Hier werden ebenfalls gute Weine verkauft. Außerdem bekommt man belegte Brote und kleine Gerichte.

In den Sommermonaten – vor allem im Juli und Aug. – ist die Versilia das Zentrum toscanischen Nachtlebens. In der Mehrzahl der Küstenorte finden sich Diskotheken und Bars, die bis tief in die Nacht geöffnet bleiben. Am meisten bietet in dieser Hinsicht **Marina di Pietrasanta**. Zu den bekannteren unter den vielen Diskotheken dieses Ortes zählen: Bussola (Viale Roma 44, Tel. 207 91), Faruk (Viale Roma 53, Tel. 215 78), Seven Apples (Viale Roma 109, Tel. 204 58).
Gelateria Mario: Via Petrolini 1.
Ein vorzüglicher, seit fast 70 Jahren bestehender Eissalon.

Im Feb. findet der berühmte **Karneval von Viaréggio** statt, s. S. 14.

Viaréggio liegt an der **Bahnstrecke** Genua–Rom. Gute Verbindungen in alle Küstenorte (Pisa, Livorno, Genua u. a.) sowie nach Lucca, Pistóia, Prato, Florenz.

Volterra

Lage: D 6
Vorwahl: 0588
Einwohner: ca. 15 500

Volterra ist eine der geschichtsträchtigsten Städte der Toscana. Schon vor 2500 Jahren war es eines der wichtigsten Zentren der

Weltzentrum für Alabaster – Volterra: die Werkstatt Rossi

Etrusker. Das heutige Stadtbild mit den dunklen Häusern und engen Gassen, den Kirchen und Palazzi ist vom Mittelalter geprägt. Daneben finden sich aber auch Überreste aus römischer Zeit und bedeutende etruskische Funde. Beeindruckend ist die Hügellandschaft der Umgebung.

Piazza dei Priori: Im Zentrum der Stadt hat sich eine mittelalterliche Platzanlage stilrein erhalten.

Der **Palazzo dei Priori** ist das älteste erhaltene Rathaus der Toscana; der Bau wurde 1208 begonnen. Gegenüber liegt ein zweites Rathaus, der **Palazzo Pretorio**.

Dom: Von außen wirkt die Kirche unscheinbar, doch im Innenraum finden sich ansprechende Kunstwerke – die Kanzel mit eindrucksvollen romanischen Reliefs und die bemalte Holzskulptur der Kreuzabnahme, eine ungewöhnliche Arbeit des 13. Jh.

Festung (Fortezza): Via del Castello. Die riesige Burg am höchsten Punkt der Stadt wurde in der Renaissance-Zeit von den Medici-Herrschern aus Florenz errichtet. Sie dient heute als Gefängnis.

Etruskisches Tor (Arco Etrusco): Via Porta dell'Arco. Nur die großen Tuffblöcke im unteren Teil dieses massiven Stadttors stammen aus der Etruskerzeit. Der Bogen darüber wurde von den Römern errichtet, die Ummantelung und die angrenzenden Stadtmauern stammen aus dem Mittelalter.

Römisches Theater: Viale F. Ferrucci, tgl. 11–17 Uhr.

Der halbzerstörte Zuschauerraum und die teilweise wiederaufgebaute Bühnenwand geben eine Vorstellung vom römischen Theater aus dem 1. Jh. Daneben befinden sich Ruinen einer Thermenanlage.

Le Balze: Das ausgedehnte Erosionsgebiet etwa 1 km nordwestlich der Stadt (Hinweisschilder) wirkt besonders reizvoll, wenn im Mai/Juni der Ginster zwischen den blassen Erdfarben aufleuchtet.

Museen
Etruskermuseum (Museo Etrusco Guarnacci): Via Don Minzoni 15, tgl. 9–19 Uhr.
Eine der wichtigsten Sammlungen etruskischer Kunst; bemerkenswert sind u. a. die psychologisch fein gearbeitete Skulptur eines alten Ehepaars und die modern wirkende Bronzestatue »Der Abendschatten«.

Via Turazza 2, Tel. 861 50, Fax 86150.

Podere San Lorenzo: Tel. 390 80, Fax 390 90, günstig.
Auf einem ausgebauten bäuerlichen Anwesen vermietet der Berliner Volker Piasta Zimmer und Wohnungen in herrlicher Lage.
Villa Nencini: Borgo Santo Stefano 55, Tel. 863 86, Fax 806 01, moderat.
Ein umgebautes Wohnhaus des 17. Jh. unterhalb der Altstadt. Von hier bietet sich eine schöne Aussicht. Das Haus hat einen großen-Garten, Schwimmbecken und nette Wirte.
Etruria: Via Matteotti 32, Tel. 873 77, Fax 873 77, moderat.
Ordentliches Hotel im Stadtzentrum, kleiner Garten.
San Lino: Via San Lino 26, Tel. 852 50, Fax 806 20, teuer.
Das zentrale Hotel ist in einem 700 Jahre alten Klostergebäude untergebracht. Schwimmbad.
Jugendherberge
Ostello della Gioventù: Via del Poggetto 2, Tel. 855 77, geöffnet April–Sept.

Le Balze: Via di Mandringa (1 km Richtung Nordwesten), Tel. 878 80, Fax 855 77.
Weiter Blick, Schwimmbecken, allerdings kaum Schatten.

La Tavernetta: Via Guarnacci 14, Tel. 876 30, Do geschl.
Ordentliche Menüs zu günstigen Preisen; den Speisesaal schmückt ein großes Deckenfresko.
Da Beppino: Via delle Prigioni 15, Tel. 860 51, Mi geschl.
Eine gute, oft überfüllte Trattoria.
Trattoria del Sacco Fiorentino: Piazza XX Settembre 18, Tel. 885 37, Fr geschl.
Anspruchsvolleres Restaurant mit guter toscanischer Küche zu zivilen Preisen.

Volterra ist ein Weltzentrum der **Alabasterproduktion**. Im Ort gibt es daher zahlreiche

Parks verlocken zum Entspannen

Läden, die z. T. sehr kitschige Alabasterobjekte im Angebot haben; dazwischen finden sich aber auch schöne Gegenstände. Einige der Werkstätten stehen Besuchern offen, darunter **Alabastri Rossi** (Tel. 861 33) in der Via del Mandorlo, deren Besitzer Piero Fiumi gut Deutsch spricht.

Regionale Spezialitäten findet man in den Feinkostläden von Volterra: Via Guarnacci 3 und Via Matteotti 16. In der Umgebung wird ein guter Schafskäse *(pecorino)* produziert.

Tgl. mehrere **Busverbindungen** nach Pisa. Gelegentliche Busse nach Florenz und Siena (meist mit Umsteigen in Poggibonsi).

Extra-

Fünfmal Toscana, fünfmal Natur – immer anders

1. Die Marmorberge in den Apuanischen Alpen

2. Auf Weinwegen im Chianti-Gebiet

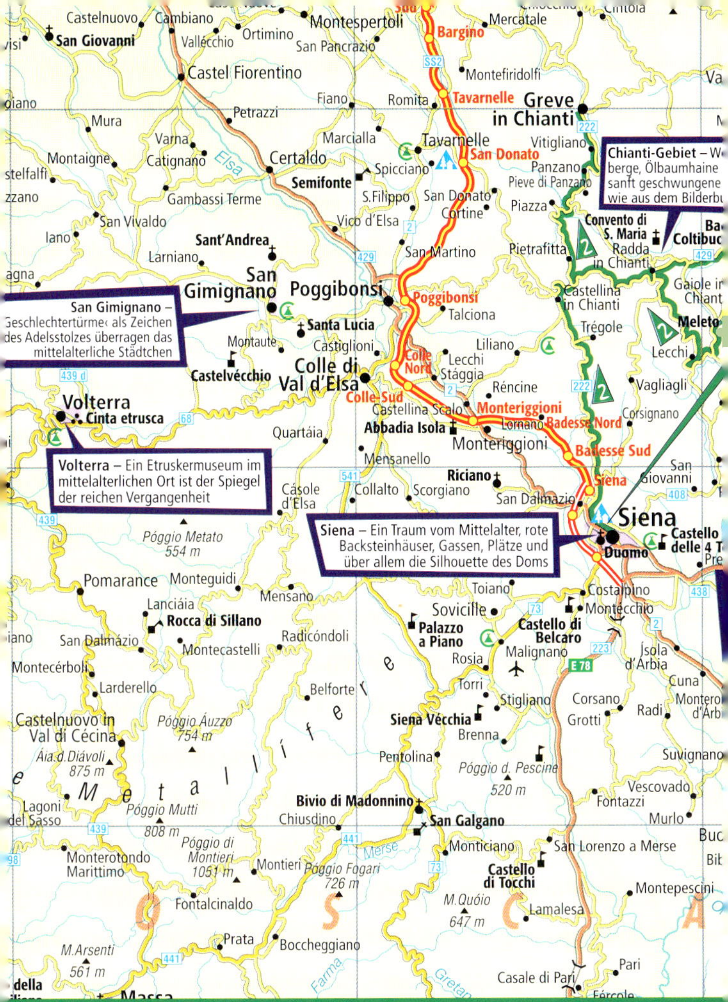

Touren

3. Monte Amiata – Unbekanntes Bergmassiv

4. Gut erhalten – der Naturpark der Maremma

5. Radfahren in der südlichen Toscana

EXTRA Tour 1

Die Marmorberge in den Apuanischen Alpen

Schon von weitem erblickt man die schroffen Gipfel der Apuanischen Alpen, die im nordwestlichen Zipfel der Toscana auf fast 2000 m Höhe ansteigen. Sie wirken selbst im Hochsommer wie von Schnee bedeckt, doch was da in die Ferne strahlt, sind keine Schneeflocken – es ist weiß glitzernder Marmor. Schon die alten Römer hatten hier ihre Steinbrüche.

Heute sind arabische Ölmagnaten Großkunden in Carrara und Umgebung, doch das kostbare Gestein geht nicht nur in den Nahen Osten. Die tonnenschweren Blöcke sind auf der ganzen Erde bei denen begehrt, die sich diesen Luxus leisten können. Carrara-Marmor – von dem es rund 60 verschiedene Sorten gibt – ist der weltweit berühmteste und beste Marmor, denn er ist zugleich härter und feinkörniger als alle Konkurrenzprodukte.

Auf einer Rundfahrt kann man einen spannenden Einblick in die Welt des Marmorabbaus – und zugleich in die faszinierende Berglandschaft der Alpi Apuane – gewinnen. Sie beginnt in Carrara. Von hier führt ein kurviges Sträßchen in das 10 km entfernte Bergdorf **Colonnata.** Unterwegs passiert man mehrere, teils zur Besichtigung geöffnete Steinbrüche und genießt den Ausblick auf die Berge. Von Colonnata kann man auf einem schönen Fußweg in einer Stunde zu dem einsam gelegenen Weiler **Vergheto** aufsteigen. Man gewinnt dabei einen reizvollen Eindruck von der Apuane-Landschaft (rot bzw. rot-weiß markiert, Weg Nr. 38, Beginn 20 m vor dem Dorfplatz von Colonnata).

Auf der Rückfahrt biegen Sie im Dorf Bedizzano nach rechts (Wegweiser »Carrara« mit Lastwagensymbol). Nach knapp 1 km finden Sie den **Presepe in Marmo**, eine unterhaltsame Freiluftausstellung von mehreren Dutzend Skulpturen, die ein einheimischer Künstler geschaffen hat. Nach weiteren 1,5 km erreicht man am Stadtrand von Carrara eine Brücke mit einer Verkehrsampel. Hier bietet sich die Möglichkeit zu einem weiteren Abstecher in die bizarre Welt der Marmorbrüche: Biegen Sie vor der Ampel in ein Sträßchen nach rechts aufwärts (die Wegweiser

»Miseglia«, »Cave di Fantiscritti« sind aus unserer Fahrtrichtung leicht zu übersehen). Sie passieren das Dorf Miseglia und die Brücken von Vara, die einer alten Eisenbahnlinie dienten, auf der früher der Marmor zu Tal transportiert wurde. Nach 4 km gelangen Sie zu den großen **Steinbrüchen Fantiscritti**. Hier läßt sich beobachten, wie das edle Gestein mit einem Spiraldraht aus dem Berg geschnitten wird. Die bis zu 12 m hohen und bis zu 400 t schweren Blöcke werden mit diamantbeschichteten Drähten vor Ort in kleinere Teile zerlegt und auf Lastwagen abtransportiert. Die schwere Arbeit in den Steinbrüchen ist noch immer gefährlich. Nicht zufällig ist in Fantiscritti ständig ein Unfallwagen postiert.

Zurück in **Carrara,** stellt der Besuch des **Marmormuseums** eine passende Fortsetzung der Reise in die Marmor-Welt dar (Museo del Marmo, Viale XX Settembre, Località Stadio, Juni–Sept. Mo–Sa 10–20 Uhr, Mai/Okt. Mo–Sa 10–17, Nov.–April Mo–Sa 8.30–13.30 Uhr, So, feiertags geschl.) Es zeigt Techniken, Werkzeuge, Produkte und Orte der Marmorindustrie seit der Römerzeit.

Eine deutschsprachige Broschüre erleichtert die Orientierung. Das Museum liegt ca. 2 km vom Stadtzentrum entfernt in Richtung Autostrada/Marina di Carrara; mit Linienbussen erreicht man es nach 5 Min. Fahrt in Richtung Marina di Carrara (Haltestelle Stadio, tagsüber gibt es häufige Verbindungen).

Wenn Sie sich noch weiter im Reich des Marmors bewegen wollen, empfiehlt sich die Tour in das hübsch gelegene **Seravezza,** einst Michelangelos Aufenthaltsort in dieser Gegend. Eine abenteuerliche Bergstraße führt von hier durch aufregende Landschaft über Levigliani und die Galleria del Cipollaio zurück nach Massa und Carrara (von Seravezza bis Massa 55 km).

Keine ›typisch‹ toscanische Landschaft: Die Apuanischen Alpen

EXTRA Tour 2

Im Chianti-Gebiet – Weinwege

De Landschaft zwischen Florenz und Siena, das Chianti-Gebiet, ist weltweit als Weinbauregion bekannt. Schon im Mittelalter wurde hier Wein produziert. 1924 schlossen sich die Gemeinden der Region zur Vereinigung des Schwarzen Hahns (Consorzio del Gallo Nero) zusammen, um ein Markenzeichen zu schaffen und sich gegen unlautere Konkurrenz zu wehren. Der Schwarze Hahn auf goldenem Grund kennzeichnet noch heute den *Chianti classico*. Allerdings werden manche der besten Weine des Gebiets als simple *Vini da tavola*, als Tafelweine, ohne dieses Etikett verkauft – vor allem von Winzern, die mit Traubensorten und Produktionsverfahren experimentieren, welche bei ›normalen‹ Chianti-Weinen nicht zugelassen sind.

Der *Chianti classico* besteht aus mehreren Traubensorten, darunter auch einem kleinen Anteil weißer Trauben. Traditionell war er ein leichter, aromatischer, früh zu konsumierender Wein. Heute geht die Tendenz nach französischem Vorbild zur Herstellung kräftigerer, alterungsfähiger Produkte. Seit den 80er Jahren des 20. Jh. keltern immer mehr Chianti-Winzer gehaltvolle, nuancierte Spitzenqualitäten.

Die Landschaft des Chianti-Gebiets ist vielgestaltig. Neben den Rebhängen finden sich Ölbaumhaine und vor allem ausgedehnte Waldflächen. Auf Rundfahrten durch die Gegend sieht man immer wieder wunderschöne Panoramen.

Von Siena aus führt die Strada Chiantigiana (N 222) in das Herz des Chianti-Gebiets. Große Schilder kündigen nach wenigen Kilometern an: »Siete nel mondo del Gallo Nero« – »Ihr seid in der Welt des Schwarzen Hahns«. Im kleinen Dorf **Fonterútoli**, 15 km nördlich von Siena, bietet sich eine erste Gelegenheit zum Weinkauf. Das Castello di Fonterútoli (Tel. 0577/740309, tgl. 10–15, 17–20 Uhr) produziert ausgezeichnete Weine, aber auch Olivenöl und Essig. Der Besitzer Lapo Mazzei ist Präsident der Winzervereinigung des *Chianti classico*.

Die Fahrt führt weiter nach **Castellina in Chianti** mit einem kleinen mittelalterlichen Ortskern. Hier biegt man nach rechts auf die

Die reinste Augenweide: Weinfelder im Herbst

Straße nach Radda in Chianti. Der hübsche Ort liegt in aussichtsreicher Lage über ausgedehnten Rebhängen. In östlicher Richtung erreicht man nach wenigen Kilometern das ehemalige Benediktinerkloster **Badia a Coltibuono**. Die romanische Kirche steht zur Besichtigung offen. Daneben befindet sich – ebenfalls unter dem Namen Badia a Coltibuono – ein ansprechendes Restaurant (Tel. 0577/ 74 90 31, Mo geschl.). In direkter Nähe, an der Abzweigung der Straße zum Kloster, befindet sich eine Verkaufsstelle des gleichnamigen Weinguts (Tel. 74 94 79, tgl. 9.30–13, 14–19 Uhr).

Die Tour führt weiter in die hübsche Ortschaft **Gaiole in Chianti**. Hier findet man ausgezeichnete Schinken und Wurstwaren in der Macelleria Chini, Via Roma 2. Hinter dem Dorf führen zwei nach rechts abzweigende Straßen zurück nach Radda. Nimmt man die zweite, etwas längere Strecke, so findet man im Dorf **Lecchi** die Verkaufsstellen zweier nahegelegener Weingüter mit vorzüglichen Weinen zu gehobenen Preisen: Castello di San Polo in Rosso (Tel. 0577/74 60 45) und Castello di Ama (in der Enoteca Palmira, Tel. 0577/74 60 21). In Radda nimmt man die Straße in Richtung Lucarelli/Greve. Eine angenehme Bar und ein hübscher Kunstgewerbeladen im Dorf **Lucarelli** laden zur Pause ein. Wenig später trifft man wieder auf die Strada Chiantigiana. Sich links haltend, gelangt man zurück nach Castellina und nach Siena.

Die Tour läßt sich aber noch in nördlicher Richtung verlängern. Nach Norden führt die N 222 zu dem mittelalterlichen Ort **Panzano** in herrlicher Panoramalage. Wenig später passiert sie die angenehme Trattoria Montagliari und das gleichnamige Weingut. Nach weiteren 3 km erreicht man **Greve** (s. S. 45f.). Die hübsche, von blumengeschmückten Laubengängen gesäumte Piazza mit ihren Cafés und Geschäften bietet sich zum Kaffeetrinken und für einen kleinen Einkaufsbummel an. Die Enoteca del Gallo Nero an der Piazza Da Verrazzano verkauft alle großen Chianti-Weine .

Von Greve gelangt man binnen kurzem nach Florenz (25 km entfernt) oder auf der Strada Chiantigiana zurück nach Siena.

EXTRA Tour 3

Monte Amiata – Unbekanntes Bergmassiv

An den Monte Amiata verirren sich nur wenige ausländische Touristen. Das bis zu 1738 m ansteigende vulkanische Bergmassiv südlich von Siena entspricht nicht den gängigen Toscana-Vorstellungen. Landschaft und Klima sind hier nicht lieblich, sondern eher rauh. Im Winter liegt der Schnee manchmal meterhoch, und im Sommer ist es auf der Höhe immer einige Grade kühler als in der Ebene. Doch das Amiata-Gebiet hat seine eigenen Reize: eine fast unberührte Natur, hübsche Ortschaften, eine vorzügliche Landküche – und eine vielfach fast unwirkliche Ruhe.

Die Dörfer und Städtchen, die auf Höhen um 600–800 m über das Bergmassiv verstreut sind, leben aus einer eigenen Tradition. Der Amiata war bis in die 70er Jahre Bergbaugebiet; hier wurde – schon seit den Zeiten der Etrusker – vor allem Quecksilber gefördert. Die Bergleute der Region waren immer Rebellen. Viele von ihnen schlossen sich im 19. Jh. der sozialreformerischen Sekte der Giurisdavidici an, deren Führer Davide Lazzaretti 1878 auf einer Demonstration getötet wurde. Noch heute erreichen die Parteien der politischen Linken am Monte Amiata vielfach bis zu 80% der Stimmen. Zugleich aber spielten die Tradition und der christliche Glaube eine wichtige Rolle. So hat sich in diesem Gebiet eine besondere Mischung von Religiosität und aufständischem Geist entwickelt.

Eine Amiata-Rundfahrt kann in **Abbadia San Salvatore** beginnen, im traditionsreichsten Ort der Gegend. Hier gründeten die Langobarden vor 1250 Jahren das Kloster San Salvatore. Hübsch ist auch der alte, ganz aus dunklem vulkanischem Trachytgestein gebaute Ortskern (s. S. 28).

Im Nachbarort **Piancastagnaio** werden mit Hilfe heißer, aus dem vulkanischen Untergrund aufsteigender Dämpfe Gewächshäuser erwärmt. Das staatlich geförderte Projekt ist ein Versuch, in dem wirtschaftlichen Problemgebiet, das durch die Schließung der Minen vor 20 Jahren schwer getroffen wurde, Arbeitsplätze zu schaffen.

Santa Fiora mit einem reizvollen Ortszentrum bietet sich für die Mittagspause an. Die Gemeindekirche (Pieve) hat zahlreiche um 1500 entstandene Terrakotta-Arbeiten aus der Werkstatt der florentinischen Künstlerfamilie Della Robbia.

Gleich in mehreren Restaurants findet man preiswert die vorzüglichen Steinpilz-Gerichte, für die der Amiata berühmt ist: im Eden (Via Roma 1) und im Barilotto (Via Carolina 20) im Zentrum sowie im Caminetto im 1 km entfernten Ortsteil Marroneto (Via F. Di Giulio 98).

Bei **Bagnoré** wabern – schon von weither sichtbar – wieder Dampfschwaden über der Landschaft. Die heißen Quellen werden hier für Thermalzwecke und für ein geothermisches Kraftwerk genutzt. Auf schönen Bergstraßen geht es weiter nach **Arcidosso**, **Castel del Piano** und **Seggiano**. Der Pecorino von Seggiano ist weit über die Grenzen der Region bekannt. Der Schafskäse von Tieren, die auf den naturbelassenen Bergweiden grasen, wird besonders würzig.

Das einsame Gebiet setzt auf Natur- und Wandertourismus. Schautafeln weisen in den Orten auf Wanderwege hin, vor allem auf den gut markierten Rundweg **Anello del Monte Amiata**. Es lohnt sich, zumindest ein Teilstück des durch ausgedehnte Kastanien- und Buchenwälder führenden Weges zu gehen. Im Mai und Juni blühen hier unzählige Blumenarten, darunter viele Orchideen. Von Mitte Oktober bis Mitte November strahlen die Hänge im Glanz des farbigen Herbstlaubs.

Gebrochenes Klischee: sanfte Hügel und vulkanisches Massiv

EXTRA Tour 4

Gut erhalten – der Naturpark der Maremma

Südlich von Grosseto hat sich eine einzigartige Küstenlandschaft unversehrt erhalten. Im Maremmen-Nationalpark steht auf einer Fläche von 70 km² kein bewohntes Haus. Nur einige mittelalterliche Wachttürme und die Ruinen eines Klosters zeugen von einstiger spärlicher Besiedlung. Nirgendwo sonst auf dem toscanischen Festland läßt sich in vergleichbarer Weise erleben, wie die Mittelmeerküste vor der touristischen Erschließung aussah.

Die wenigen Bewohner dieser Gegend hatten es in der Vergangenheit nicht leicht. Einst war die Maremma ein ungesundes Sumpfgebiet, in der man sich mit Malaria infizierte. Der Name stammt von *marittimo*, sprich Meernähe, und vom Meer aus überfielen in der Vergangenheit Piraten immer wieder die Gegend. Die Seeräuber verschwanden, doch die Ansteckungsgefahr blieb. Erst als das Gebiet im 19. Jh. trockengelegt wurde, entspannte sich die Lage allmählich.

Der Höhenzug, der den größeren Teil des Naturparks einnimmt, ist fast vollständig vom mittelmeerischen Buschwald, der Macchia, bedeckt. Alle typischen Macchia-Pflanzen sind vertreten: duftende Kräuter und knorrige Steineichen, die Mastix-Pistazie und der Erdbeerbaum mit seinen roten Kugelfrüchten, Ginster und Baumheide, Rosmarin, Lorbeer, Myrte und die wie chinesische Papierblumen wirkenden Zistrosen.

Die Hauptblütezeit liegt im Mai und Juni; in dieser Periode duften auch die starken Aromen des Buschwalds am intensivsten.

In Ufernähe stehen ausgedehnte Pinienwälder mit Strandkiefern und Schirmpinien sowie an besonders sonnigen Stellen Zwergpalmen. In höher gelegenen, kühleren Bereichen sieht man Ahorn, Ebereschen und Buchen.

Zahlreiche Wasservögel überwintern im Park; in der kalten Jahreszeit hat man fast 150 Vogelarten gezählt. Viele Vögel leben ganzjährig hier, darunter Fischadler, Reiher, Regenpfeifer, Wasserhühner, Stockenten.

Auch Säugetiere sind in dem Naturschutzgebiet häufig; dazu gehören u. a. Wildschweine, Hir-

Fast unberührte Natur: am Ufer der Maremma

sche, Rehe, Stachelschweine, Füchse, Wildkatzen, Marder und Wiesel.

Man erreicht den Parkeingang in dem Dorf Alberese von der Provinzhauptstadt Grosseto aus (15 km entfernt) entweder mit dem Auto oder mit Stadtbussen (*autobus urbano*) der Linien 15 und 16 (ab Bahnhof Grosseto 7.50, 11.55, 13, 13.15, 14 Uhr, Rückfahrt Alberese–Grosseto 12.35, 13.50, 15, 18.05 Uhr). Vom Parkeingang fährt stündlich ein Bus einige Kilometer in den Park nach Pratini, dem besten Ausgangspunkt für Wanderungen.

Zum Schutz der Tierwelt ist der Zugang zum Naturschutzgebiet reglementiert. Im Sommer (15. Juni–30. Sept.) wird der Park täglich für Besucher geöffnet, aber in diesem Zeitraum ist nur die Teilnahme an geführten Rundgängen erlaubt (Beginn 7, 8.15 Uhr, telefonische Anmeldung möglich unter Tel. 0564/40 70 98). In den anderen Jahreszeiten kann man das Gebiet nur Mi, Sa und So besuchen (jeweils von 9 Uhr bis Sonnenuntergang), dafür darf man nun individuelle Touren durchführen.

Die Orientierung im Park ist einfach. Am Eingang ist eine Kartenskizze mit den markierten Wanderwegen (»Itinerario 1« und »Itinerario 2«) erhältlich. Folgt man dem Itinerario 2, so erlebt man auf einer rund zweistündigen Wanderung herrliche Panoramen und abwechslungsreiche Vegetation.

Noch schöner ist eine große Rundtour, welche die beiden markierten Wege kombiniert und für die man rund 4,5 Std. (zuzüglich der Pausen) benötigt. Man folgt dabei zunächst dem ausgeschilderten Itinerario 1 ab Pratini (s. o). Nach knapp 2 Std. gelangt man zu den Ruinen des einsam gelegenen Klosters San Rabano. Weitere 50 Min. auf dem Itinerario 1 führen zu einem Sträßchen, dem man nach rechts folgt. Nach wenigen Minuten biegt man durch ein Gatter in den als Itinerario 2 ausgeschilderten Waldweg.

Er führt zum Meeresufer und dann über das Sträßchen wieder zum Ausgangspunkt. Unterwegs bieten sich an der einsamen Küste schöne Badegelegenheiten.

Wichtig für Hundebesitzer: Hunde sind im Park nicht zugelassen.

Extra Tours

Radfahren in der südlichen Toscana

Die Südtoscana ist für Radtouren besonders geeignet, weil sie weite und schöne Landschaften aufweist, die meist dünn besiedelt sind und verhältnismäßig wenig Autoverkehr haben. Für den folgenden Tourenvorschlag bildet Montepulciano den Ausgangspunkt. Dort verleihen Marco und Giuliana Tornaghi gute Mountain Bikes (s. S. 55).

Die Route ist knapp 60 km lang und führt durch herrliche Landschaften, aber auch zu mehreren kulturell interessanten Orten: außer dem Start- und Zielpunkt Montepulciano nach Chianciano, Bagno Vignoni, Pienza. Eine kürzere Variante umfaßt nur 45 km.

Aus dem mittelalterlichen Zentrum von **Montepulciano** (s. S. 55f.) radeln Sie hinab zur Straße San Quírico – Chiusi (N 146) am südlichen Ortsrand. Ein Abstecher nach rechts führt in einer Minute zur großen Renaissance-Kirche San Biagio. Die Hauptroute aber geht auf der Straße nach links. Mit herrlichem Panorama (zur Linken ist die große Wasserfläche des Trasimenischen Sees sichtbar) gelangt man nach **Chianciano** (8 km ab Montepulciano). An der Gabelung im Ort biegen Sie zuerst nach links zum alten Ortskern.

Wenn Sie Proviant einkaufen möchten, ist die Macelleria (Fleischerei) in der Via Casini 17, der Hauptgasse des alten Ortszentrums, das Ideale; der Rohschinken aus Eigenproduktion ist exquisit. Für einen Kaffee bietet sich die Bar-Pasticceria schräg gegenüber (Haus Nr.22) an – wegen des kleinen Balkons mit wunderbarer Aussicht ins Land.

Sie radeln weiter in den neuen Ortsteil **Chianciano Terme**. Hier zweigen Sie von der breiten Via della Libertà nach rechts ab in eine ansteigende Straße (zuerst Hinweisschild »Piazza Italia«, dann Wegweiser »La Foce« folgen). Sie führt mit weiten Ausblicken durch die einsame Landschaft der Crete, in deren Lehmformationen die Erosion skurrile Formen eingegraben hat. Hinter dem Paß La Foce (555 m ü. M.) verläuft die Route lange Zeit abwärts bzw. eben. Sie folgen immer den Hinweisschildern »S. Quírico d'Órcia« bzw. »Siena«. Wenn Sie die kürzere Variante wählen, biegen Sie bei einer Straßenkreuzung (15 km ab Chianciano Terme) nach rechts ab in Richtung Pienza (Wegweiser). Andernfalls fahren Sie hier weiter geradeaus bis zur Hauptstraße Siena–Rom (N 2).

Auf der stark befahrenen Straße biegen Sie nach links und nach 1 km nach rechts. Ein kurzer Anstieg führt zum winzigen Thermalbad **Bagno Vignoni** (s. S. 33f., 35 km ab Montepulciano). In der hübschen Osteria del Leone können Sie zum Mittagessen einkehren.

Auf dem Rückweg folgen Sie zunächst für etwa 3 km dem Hinweg: Zurück zur N 2, dort nach links, nach 1 km nach rechts Richtung Pienza/ Chianciano. Von dieser Straße biegen Sie nach gut 1 km nach links ab in Richtung **Pienza** (s. S. 56f.).

Ein allmählicher Anstieg führt zu dem hübschen Renaissance-Städtchen, das auf der Höhe immer sichtbar ist (45 km ab Montepulciano). Hier lohnt sich eine eingehende Besichtigung (s. S. 56). Von Pienza können Sie auf der N 146 zurück nach Montepulciano fahren (13 km). Die Strecke ist reizvoll und aussichtsreich. Wenn Sie nicht-asphaltierte Sträßchen ohne jeden Autoverkehr vorziehen, bietet sich folgende Variante an:

Sie verlassen Pienza durch das östliche Stadttor, überqueren die Hauptstraße und nehmen ein abwärts führendes Sträßchen (Weg-Markierung Nr. 6). Sie folgen immer diesem breiten Fahrweg (die Asphaltierung endet nach kurzem Stück). Er führt in Kurven ins Tal. Hinter einer Brücke biegen Sie nach rechts in Richtung Monticchiello. Beim Anstieg zu diesem Dorf müssen Sie vielleicht ein kurzes Stück das Rad schieben – es geht steil hinauf!

In Montichiello finden Sie einen ausgeschilderten breiten Fahrweg, der nach 6 km wieder Montepulciano erreicht.

Radeln ohne Abgase und Lärm

Impressum/Fotonachweis

Fotonachweis
Franz Marc Frei, München 1, 10, 12, 13, 15, 19, 74, 75,
Bernd F. Gruschwitz, Bremen 37, 57, 67
Georg Henke, Bremen: 32/33, 47, 53, 85, 89, 91
Georg Jung, Ottobrunn Titelbild
Erika van der Meulen, Köln 6/7, 9, 77
Jürgen Richter/LOOK, München 2/3, 4/5, 8, 31, 49, 61, 71, 79, 87
Martin Thomas, Vaals 26/27, 40, 43, 93

Kartographie: Berndtson & Berndtson Productions GmbH, Fürstenfeldbruck

Alle in diesem Buch enthaltenen Angaben wurden vom Autor nach bestem Wissen erstellt und von ihm und dem Verlag mit größtmöglicher Sorgfalt überprüft. Gleichwohl sind inhaltliche Fehler nicht vollständig auszuschließen. Ihre Korrekturhinweise und Anregungen greifen wir gern auf. Unsere Adresse: DuMont Buchverlag, Postfach 101045, 50450 Köln.

Die Deutsche Bibliothek – CIP-Einheitsaufnahme
Christoph Hennig:
Toscana, Christoph Hennig. - Köln : DuMont, 1997
(DuMont Extra)
ISBN 3-7701-4331-0

Grafisches Konzept: Groschwitz, Hamburg

Ausgabe 1998

Druck: Rasch, Bramsche
Buchbinderische Verarbeitung: Bramscher Buchbinder Betriebe
ISBN 3-7701-4331-0

Register

Register